Stefan Hofmann SJ und Georg Fischer SJ

Frieden finden

Ignatianische Impulse
Herausgegeben von Igna Kramp CJ, Stefan Kiechle SJ und Stefan Hofmann SJ
Band 100

Ignatianische Impulse gründen in der Spiritualität des Ignatius von Loyola. Diese wird heute von vielen Menschen neu entdeckt.

Ignatianische Impulse greifen aktuelle und existentielle Fragen wie auch umstrittene Themen auf. Weltoffen und konkret, lebensnah und nach vorne gerichtet, gut lesbar und persönlich anregend sprechen sie suchende Menschen an und helfen ihnen, das alltägliche Leben spirituell zu deuten und zu gestalten.

Ignatianische Impulse werden begleitet durch den Jesuitenorden, der von Ignatius gegründet wurde. Ihre Themen orientieren sich an dem, was Jesuiten heute als ihre Leitlinien gewählt haben: Christlicher Glaube – soziale Gerechtigkeit – interreligiöser Dialog – moderne Kultur.

Stefan Hofmann SJ
Georg Fischer SJ

Frieden finden

echter

Der Umwelt zuliebe verzichten wir bei unseren Büchern auf Folienverpackung.

Bibliografische Information der Deutschen Nationalbibliothek

Die Deutsche Nationalbibliothek verzeichnet diese Publikation in der Deutschen Nationalbibliografie; detaillierte bibliografische Daten sind im Internet über <http://dnb.d-nb.de> abrufbar.

www.echter.de
Druck und Bindung: Friedrich Pustet, Regensburg
ISBN 978-3-429- 05938-5
ISBN 978-3-429- 05298-0 (PDF)
ISBN 978-3-429- 06637-6 (ePub)

Inhalt

Hinführung

»Unruhig ist unser Herz, bis es ruht in Dir«, so das bekannte Wort des Augustinus. Manche Menschen erfahren im Gebet oder in der Meditation, wie das eigene Herz in Gott zur Ruhe kommt. Die Aussage des Augustinus ist aber auch unabhängig von jeder Religiosität erhellend. Wenn unser menschliches Streben in Gott zur Ruhe gelangt, dann deshalb, weil das Herz dort gefunden hat, was es ersehnt. Hier zeigt sich: Als Menschen streben wir in der Regel bestimmte Güter oder Beziehungen an. Das Herz streckt sich beständig aus nach etwas Gutem oder Notwendigem.

Ob wir inneren Frieden finden, das hängt nicht zuletzt von den erstrebten Gütern und Beziehungen ab und auch davon, *wie* wir sie erstreben. »Wo dein Schatz ist, da ist auch dein Herz« (Mt 6,21), heißt es im Neuen Testament. Ist eine geliebte Person physisch oder menschlich fern, so bewegt dies unser Herz. Wir denken an die geliebte Person, hoffen für sie, manchmal auch voll Sorge. Ähnliches gilt von »geliebten« Dingen: Wer ein neues Fahrrad erworben hat und es in einem unsicheren Viertel auf der Straße abstellen musste, wird ab und zu mit Sorge an das Fahrrad denken. Hoffentlich passiert auch nichts! Nicht dass es gestohlen wird.

Es gibt viele Anlässe, weshalb wir den inneren Frieden verlieren können. Dieses Buch will dazu anregen, über den eigenen inneren Frieden nachzudenken und ihn zu suchen. Es lohnt zu fragen: Was raubte mir (gestern, heute Nachmittag etc.) den Frieden, sodass ich ihn verloren habe? Was könnte mir helfen, ihn leichter zu finden? Was, ihn treuer zu bewahren? Das Wort der Schrift, die Philosophie, die Geistesgeschichte, sie bieten sehr viele Einsichten und Weisheit, die uns auf der Suche nach dem Frieden helfen können. Unser menschlicher Friede ist zerbrechlich. Umso mehr lohnt es sich, ihn zu suchen und um ihn zu ringen. Dieses Buch möchte hilfreiche Anregungen dazu bieten.

In der jüdisch-christlichen Tradition gilt der Friede als eine Gabe Gottes, die dem betenden Menschen verheißen ist. Gott kann unruhige und gewaltbereite Herzen wandeln. Ein Beispiel hierfür ist das Leben des Ignatius von Loyola. Im dritten Kapitel wollen wir seine geistliche Biographie gezielt mit Blick auf Gewalt und Frieden untersuchen. Die auf Ignatius zurückgehende Spiritualität des Jesuitenordens ist durchaus mit dem Anliegen des Friedens verbunden. Manche der Anregungen, die sie zu bieten hat, wollen wir in Kapitel vier erschließen. Einige kurze Porträts von Jesuiten im fünften Kapitel zeigen, wie die ignatianische Spiritualität und ihr Impuls gegen Gewalt historisch auf beispielhafte Weise greifbar wurden.

Wenn wir heute über Frieden diskutieren, dann denken wir sofort an Regionen, in denen Staaten Kriege führen. Sehr schmerzlich und viel zu lange erleben wir das im Nahen Osten und auch in der Ukraine. Wladimir Putins Krieg gegen die Ukraine fügt der unschuldigen ukrainischen Bevölkerung sehr viel Leid zu und bedroht den Frieden in ganz Europa. Zu den militärischen Konfliktzonen unserer Welt gehören zudem eine Reihe anderer Länder wie Jemen, Syrien, der Südsudan und das Chinesische Meer. Angesichts so direkter militärischer Gewalt stellt sich die bittere Frage, welche politischen Maßnahmen Frieden schaffen können und welche humanitäre und militärische Hilfe jeweils zu leisten ist. Sollten sich die demokratischen

Länder des Westens von solchen Konflikten möglichst fernhalten? Was wäre die Aufgabe gläubiger Menschen und einer christlich geprägten Politik? Verlangt das Evangelium nicht ein radikales Engagement für Frieden?

Spiritualität und Gewalt scheinen ein diametraler Gegensatz zu sein. Es scheint, die Suche nach dem persönlichen Frieden kann nur dann zum Ziel führen, wenn wir die Welt der Gewalt vergessen oder ausblenden. Wäre die Suche nach dem inneren Frieden dann aber nicht ein egoistischer Rückzug auf sich selbst? Zudem ist zu fragen, wie Frieden politisch erreicht werden soll, wenn die friedliebenden Zeitgenossen sich in privates Glück zurückziehen. Dürften wir auf Frieden hoffen, wenn diejenigen, die die Geschicke dieser Welt bestimmen, keinen dauerhaften Frieden in sich tragen?

Die Suche nach Frieden darf die Geschicke dieser Welt nicht ausblenden. Wo Spiritualität auf rein private Innerlichkeit beschränkt wird, liegt ein Individualismus vor, der sich nur schwer auf Jesus stützen kann. Ein solcher Individualismus mag heute en vogue sein, gesellschaftlich tragfähig ist er nicht. Die jüdisch-christliche Tradition hat hinsichtlich von Krieg und Frieden auch höchst Fragwürdiges hervorgebracht. Eine Engführung der Spiritualität auf das eigene Ich und einen unpolitischen Privatfrieden kann man ihr jedoch nicht vorwerfen.

Ein Anliegen dieses Buches ist es, von der Geschichte des Geistes und der Spiritualität zu lernen. Hierfür müssen auch der politische Unfrieden und die Thematik des Krieges mitbedacht werden. Den Spannungsbogen zwischen dem persönlichen inneren Frieden und den Konflikten dieser Welt gilt es in sei-

nen Wechselwirkungen wahrzunehmen: Wenn wir die Augen nicht verschließen, kann uns der Unfriede dieser Welt nicht kaltlassen. Und was wir als Einzelne heute tun und wirken, hat morgen Einfluss auf den Frieden von uns allen.
Das fünfte Kapitel des Buches bietet deshalb auch einen Dialog über die politischen Fragen von Frieden und Pazifismus, von Waffen und Gewalt. Friedliebende Menschen sollten sich aus unserer unwirtlich gewordenen Welt nicht zurückziehen. Jesus predigt: »Selig sind, die Frieden stiften; denn sie werden Gottes Kinder heißen« (Mt 5,9). Wer aus Gottes Geist lebt und immer neu den Frieden sucht (Ps 34,15), darf deshalb nicht unpolitisch bleiben. Wenn ein Mensch den Frieden findet und ihn teilt, profitieren alle anderen mit ihm. Der Weg dorthin hat sehr viel mit regelmäßigem Üben und Beten zu tun. Am Ende des Buches schlagen wir daher einige geistig-geistliche Übungen vor. Diese könnten helfen, jene Haltungen zu erwerben, die dem Frieden dienen.
Wir verwenden die erste Person Plural, da der Text in der Regel unsere gemeinsame Überzeugung zum Ausdruck bringt. Nur sehr vereinzelt nutzen wir die Ich-Form und den Vornamen, um eine individuelle Perspektive kenntlich zu machen. Für die kritische Durchsicht des Manuskripts danken wir Christiane Rostock und Sophia Lucke. Allen Leserinnen und Lesern wünschen wir viele Anregungen und v.a. gute und gangbare Wege zum Frieden.

Stefan Hofmann SJ
Georg Fischer SJ

I. Friede und Unfrieden sehen

Was meinen Sie, wenn Sie von Frieden sprechen? Was vermissen Sie, wenn Sie Unfrieden erfahren? Wer intellektuell und spirituell nach neuen Wegen sucht, muss zunächst klären, was er sucht. Befriedigende Antworten und Wege können sich nur zeigen, wenn klar ist, welche Wünsche und Fragen uns bewegen. Das ist beim Frieden nicht anders als bei der Frage nach dem guten Leben. Wir sollten deshalb klären, welche Wirklichkeit wir finden möchten, wenn wir von Frieden sprechen. Welche Voraussetzungen sollten jedenfalls erfüllt sein, damit die Rede vom Frieden sinnvoll erscheint? Ist die Totenstille eines Friedhofs hinreichend für »Frieden«? Unsere Rede vom Frieden ist vielseitig: Sie ist politisch und spirituell, säkular und religiös, oft sehr vage, dann aber wieder anspruchsvoll. Soweit möglich, wollen wir in diesem Buch das ganze Spektrum des Bedeutungsfeldes von »Frieden« mitbedenken. Trotzdem lohnt es sich zu fragen, welche Vor- und Nachteile unterschiedliche Definitionen von Frieden mit sich bringen – und welche von ihnen am ehesten überzeugen können.

Die Etymologie des Wortes Frieden verweist auf das althochdeutsche *fridu* und dessen Bedeutungsfeld von Schonung und Freundschaft. Wer diesen historischen Aspekt betont, wird Frieden als Begriff guter, sozialer Beziehungen beschreiben. Frieden kann es dann nur dort geben, wo zwei oder mehrere Personen in guten Beziehungen zueinander stehen.[1] Dieser Begriff vom Frieden wäre ein positiv gefüllter Begriff: Friede ist dann viel mehr als die bloße Abwesenheit von Krieg und Gewalt. Die philosophisch-spirituelle Rede vom

»inneren Frieden« kann hier sehr gut anknüpfen: Der innere Friede, den wir in Mystik und Philosophie erstreben, ist sicher mehr als die pure Abwesenheit von Stress und Streit. Für viele ist er mit Trost und innerer Ruhe verbunden.

Lebensphilosophie und Spiritualität lehren uns, den Frieden im Sinne einer inneren Zufriedenheit zu verstehen. Dann fragen wir: Was sättigt mich? Was *erfüllt* mich mit Frieden? Welche Bedürfnisse wollen befriedigt sein, sodass im Alltag ein tragfähiger innerer Friede möglich wird? Das Bild einer Katze, die soeben ihr Lieblingsmenü verzehrt hat und deshalb friedvoll schnurrt, kann uns hierbei helfen. Oft stellt sich innerer Friede dort ein, wo etwas in uns zufrieden gestellt wurde. Und es ist gut, die leibliche Dimension, für die das Bild der Katze steht, auch wirklich ernst zu nehmen. Wir Menschen besitzen allerdings auch die Fähigkeiten der Vernunft. Deshalb stellen sich zum menschlichen Frieden mehr Fragen als bei Haustieren. Alle Aspekte unseres Lebens müssen berücksichtigt werden. Deshalb lohnt es zu fragen: Welche Sehnsucht, welche Fähigkeiten kennen wir (kenne ich) als Lebewesen mit Vernunft? Inwiefern sind wir (bin ich) zu einem tieferen Frieden in der Lage als ein Haustier wie die erwähnte Katze? Wann kann der Mensch mit Leib, Seele und Geist, wann kann ich mit *meinem* Leib, mit *meiner* Seele und mit *meinem* Geist spürbar Frieden finden? Geistliche Übungen können helfen, diesen Fragen nachzugehen.

Friedensforschung: negativer und positiver Friede

Die Unterscheidung zwischen negativem und positivem Frieden stammt aus der politisch motivierten Friedensforschung. Eingeführt wurde sie von Johan Galtung, einem norwegischen Friedensforscher. Galtung versteht unter positivem Frieden die Abwesenheit von *struktureller* (indirekter) Ungerechtigkeit und Gewalt.[2] Ein negativer Friedensbegriff, der nur auf die Abwesenheit *direkter* Gewalt fokussieren würde, ist für Galtung unzureichend: So könnte die indirekte Gewalt ungerechter Gesellschaftsstrukturen übersehen werden, obwohl Unterdrückung, Ausbeutung und Verarmung so weit gehen können, dass auch sie zum Tod führen. Ein Beispiel für einen negativen Frieden, der nicht genügen kann, wäre die *Pax Romana*: Von 27 v. Chr. an erlebte das Römische Reich einen über 200 Jahre anhaltenden inneren Frieden. Die römischen Städte blühten auf, viele profitierten durch Sicherheit und Wohlstand. Dennoch war dieser Friede ein *römischer* Friede, der den anderen Völkern von außen aufgezwungen wurde. Kleinere Aufstände schlugen die Römer blutig nieder. Obwohl es keine nennenswerten Bürgerkriege gab, herrschte in vielerlei Hinsicht strukturelle Gewalt. Nach den Begriffen Galtungs muss die *Pax Romana* deshalb als negativer Friede gelten.

Vor dem Hintergrund der Defizite eines solchen negativen Friedens forderten die deutschen Bischöfe vor ein paar Jahren, dass wir in Gesellschaft und Politik gezielt nach »gerechtem Frieden« suchen sollten.[3] Das Anliegen ist sehr verständlich: Ein ungerechter Friede, der auf Ausbeutung beruht und Konflikte gewaltsam unterdrückt, dürfte den Namen »Friede« kaum verdienen. Solange systemische Ungerechtigkeiten nicht beseitigt werden, droht direkte Gewalt immer neu aufzubrechen. Das gilt für unseren sozialen Nahbereich genauso wie für Staaten, die ethnische oder religiöse Minderheiten unterdrücken.

Der positiv gefüllte Friedensbegriff wird allerdings zu Recht auch kritisiert: Die Idee des positiven Friedens gilt als vage, da unklar ist, wann tatsächlich Gerechtigkeit verwirklicht ist. Zudem kann die Idee vom positiven Frieden zur Rechtfertigung von Gewalt herangezogen werden. Dann könnte die je eigene Vorstellung vom gerechten Frieden im Extremfall den Einsatz von Waffen legitimieren. Wenn existierende gesellschaftliche Strukturen nur noch als Systeme struktureller Gewalt betrachtet werden, dann kann der Kampf gegen das System schnell als Einsatz für den »besseren« positiven Frieden und damit als gut und richtig erscheinen.

Oft dürfte es eine subtile Versuchung sein, mit Verweis auf ungerechte Strukturen militärische Gewalt für legitim zu halten. Gewalt ist auch dann nicht einfach gut, wenn der herrschende Friede (etwa in Libyen) noch kein gerechter Friede ist. Die Unterscheidung von positivem und negativem Frieden scheint den »negativen Frieden« zu Unrecht abzuwerten. In Zeiten von Krieg und militärischen Konflikten wie z.B. im Sudan oder in der Ukraine fragen viele, ob ein Ende der Waffengewalt nicht an sich schon einen Gewinn darstellen würde. Wie viel Leid könnte so verhindert werden? Wer Frieden eher im Sinne eines »negativen« Begriffs als Abwesenheit von Krieg und direkter Gewalt versteht, muss die bestehenden Ungerechtigkeiten nicht automatisch gutheißen. Er hätte auch unabhängig von seinem Begriff von Frieden die

Möglichkeit, Ungerechtigkeit zu kritisieren. Friede im Sinne einer bloßen Waffenruhe ist zu wenig. Allerdings wäre mit dem Ruhen der Waffen in manchen Situationen doch sehr viel gewonnen.

Sind begriffliche Unterscheidungen wirklich nötig?

Manche werden fragen, wieso wir das Anliegen des Friedens mit so vielen Überlegungen erschweren sollten. Handelt es sich bei Unterscheidungen wie jener vom negativen und positiven Frieden nicht um unnötige Quisquilien? Um Belanglosigkeiten, die für die Praxis letztlich ohne Bedeutung sind? Wäre nicht Engagement für den Frieden alles, was zählt? Aus der Sicht der ignatianischen Spiritualität und ihrer Theologie kann eine solche Pragmatik nicht genügen. Ignatianisch ist Spiritualität dann, wenn die Wirklichkeit differenziert wahrgenommen und alle Fragen und unsere menschlichen Reaktionen klug unterschieden werden. Nur so können die vielen Aspekte von Frieden und Unfrieden ganz in den Blick kommen. Wo ein falscher oder trügerischer Friede herrscht und wo nicht; inwiefern Gewalt ethisch legitim sein könnte oder nicht; was eine Spiritualität des Friedens sein und leisten kann, und inwiefern der Friede eine »Frucht des Geistes« (Gal 5,22) sein könnte – all diese Fragen verlangen Unterscheidungen. Engagement ist meistens gut. Blindes Engagement kann allerdings auch viel zerstören.

Am Beginn der Suche nach Frieden lohnt es sich deshalb, genau hinzusehen und Friede und Unfrieden bewusst wahrzunehmen. Das gilt für den persönlichen Bereich genauso wie für die Politik. Wie könnten wir auf Frieden hoffen, wenn wir manche Ursachen und Formen von Unfrieden und Gewalt gar nicht wahrnehmen? Ignatius von Loyola hält das Wahrnehmen dessen, was sich und was uns bewegt, für wesentlich. Im Bereich der internationalen Beziehungen und der Politik erreichen uns durch die Medien sehr viele und teils auch unterschiedliche Nachrichten. Hier besteht sehr viel Aufmerksamkeit, doch lohnt es sehr zu prüfen, wie verlässlich die Quellen sind. Welche Brillen setzen die Sender (die Redakteure, die Blogger, die Konzerne oder Regierungen dahinter) auf und bei den Rezipienten voraus? Welche Grundanliegen stehen hinter einzelnen pro-israelischen oder pro-palästinensischen Meldungen? Helfen die Medien, die wir nutzen, die Chancen auf Frieden gut und klug wahrzunehmen? Welche Vorentscheidungen, welche politisch motivierten Interessen liegen einzelnen Meldungen zugrunde? Kommen die Perspektiven *aller* Betroffenen in den Blick? Lesen wir auch jene Nachrichten, die unsere vorgefassten Meinungen nicht bestätigen? Es wäre nicht gut, wenn wir konservative oder linke Perspektiven oder die Meinung der anderen unbesehen als »irreführend« ausschließen.

Der eigene innere Friede

Die politische Dimension des Friedens ist heute oft in aller Munde. Wenn es um die Herausforderungen des eigenen *inneren* Friedens geht, sind wir oft weniger gut informiert und noch viel weniger geübt. Dort genügt es uns in der Regel, dass wir nicht so unfriedlich auftreten, dass wir in größere Schwierigkeiten kommen. Aufmerksamkeit für uns selbst könnte jedoch viel bewirken. Es lohnt zu fragen, was uns den inneren Frie-

den raubt und wie aus einem tieferen Frieden ein besseres und erfüllteres Leben möglich würde.
Ignatianisch inspiriert können wir diesen Fragen in einer »Übung der liebenden Aufmerksamkeit« (Willi Lambert)[4] nachgehen und am Ende des Tages oder der Woche die Orte und Zeiten abtasten, die das eigene Leben prägen und bestimmen: Welche Orte, Zeiten und Beziehungen haben mich in den vergangenen Stunden/Tagen/Wochen friedvoll leben lassen? Wo wurde friedvolle Heiterkeit spürbar und wo das Gegenteil? Welche *Tätigkeiten* brachten die Frucht des Friedens hervor? Wo habe ich den inneren Frieden verloren? Was waren die äußeren und inneren Gründe für diesen Verlust? Dieses Buch enthält nur wenige Hinweise zur konkreten Gestaltung solcher Übungen. Es sei jedoch betont: Meditation und Gebet werden meist dann fruchtbar, wenn wir einen guten Ort und eine günstige Zeit dafür kennen und auch den Leib einbeziehen, z.B. indem wir eine förderliche Körperhaltung einnehmen.
Unter der Voraussetzung, dass wir nicht »von Sünde zu Sünde« voranschreiten, geht Ignatius von Loyola davon aus, dass Gottes Geist uns eher in Erfahrungen geistlichen Trostes führt. Diesen Trost beschreibt Ignatius mit Verweis auf den Frieden. In der dritten Regel zur Unterscheidung der Geister heißt es im Exerzitienbuch (Abk. EB): »Überhaupt nenne ich ›Tröstung‹ alle Zunahme an Hoffnung, Glaube und Liebe und alle innere Freudigkeit, die zu den himmlischen Dingen ruft und hinzieht und zum eigenen Heil seiner Seele, indem sie ihr *Ruhe und Frieden* in ihrem Schöpfer und Herrn gibt« (EB 316). Dies kommt der Theologie des Paulus sehr nahe. Paulus bringt die Frucht des Geistes ebenfalls mit innerem Frieden in Verbindung: Die

»Frucht des Geistes« ist ihm zufolge »Liebe, Freude, Friede, Langmut, Freundlichkeit, Güte …« (Gal 5,22). Wann haben Sie diese Frucht des Geistes finden dürfen? Gab es besondere Orte oder Tätigkeiten, bei denen sie sich spürbar einstellte? Es ist ein großes Geschenk des geistlichen Lebens, dem trostreichen Frieden des Geistes auf die Spur zu kommen.

Es gibt viele Dinge und Ereignisse, die uns den Frieden rauben können:

- Auseinandersetzungen mit Menschen, die ganz anders ticken, als wir es gerne hätten
- Computer, die gerade dann ein Eigenleben entwickeln, wenn wir es gar nicht brauchen
- rote Ampeln, v.a. wenn wir wiederholt auf sie stoßen, obwohl wir unter Zeitdruck sind
- Menschen mit Charakterzügen, die wir nur schwer ertragen können
- das Leid geliebter Menschen und die Ohnmacht, die es auslöst
- die Freizeit, v.a. wenn wir den Freizeitstress selbst verschuldet haben und uns im zweiten Schritt auch darüber ärgern
- …

Manchmal hilft Klugheit, sodass wir äußere Ursachen von Unfrieden vermeiden können: Wer rechtzeitig losfährt, muss bei der zweiten roten Ampel nicht die Geduld verlieren. Illusorisch wäre es jedoch zu meinen, dass wir mit Klugheit alle äußeren Trigger ganz umgehen könnten. Müssten wir uns dazu nicht ganz zurückziehen vom gesellschaftlichen Leben? Der Rhythmus der modernen Lebenswelt ist uns vorgegeben. Er holt auch jene sehr schnell ein, die klug und mit Puffer planen: unbesehen drängt sich ein Termin in den Nachmittag oder es ruft kurz vor 12 doch noch jemand an; die Tochter braucht überraschend Hilfe für die Enkel; das zu verarbeitende Gemüse aus dem Garten wächst schneller als gedacht ... Wenn ungesunde Beziehungen uns das Leben schwer machen, können wir uns in vielen Fällen distanzieren. Allerdings bereiten uns nicht selten die Menschen, die wir lieben und schätzen, die größten Sorgen. Hier ist Abstand oft nur punktuell möglich. Wer liebt, der wird um Frieden ringen müssen.

Übung: innere Friedensräuber wahrnehmen

Was kann uns helfen, dass uns die Wechselfälle des Lebens nicht den Frieden rauben? In einer Regel aus dem Exerzitienbuch empfiehlt Ignatius, auf die eigenen Gedanken zu achten: »Wir müssen sehr die Folge der Gedanken beachten. Und wenn der Anfang, die Mitte und das Ende alles gut ist, zu allem Guten hingeneigt, dann ist dies ein Kennzeichen des guten Engels. Doch wenn es bei der Folge der Gedanken, die er bringt, bei irgend etwas Bösem endet oder das ablenkt oder weniger gut ist, als was die Seele sich vorher zu tun vorgenommen hatte, oder die Seele schwächt oder beunruhigt oder verwirrt, indem es ihr ihren Frieden, ihre Stille und Ruhe, die sie vorher hatte, wegnimmt, so ist es ein deutliches Kennzeichen, dass es vom bösen Geist herkommt, dem Feind unseres Nutzens und ewigen Heils« (EB 333).
Dieser Hinweis kann uns helfen zu erkennen: Was uns den Frieden verlieren lässt, sind oft nicht einfach äußere Anlässe. *In uns selbst* gibt es seelische Gestimmtheiten, Wünsche, Antriebe und Ideen, die uns bewegen und uns dazu bringen können, den inneren Frieden zu verlieren. Ignatius nennt diese Gestimmtheiten

innere »Regungen«. Unter ihnen gibt es auch Friedensräuber. Wer die eigenen Friedensräuber, die eigenen Aufreger und Anstachler mehr und mehr erkennt und ihren Einfluss minimieren kann, lebt öfter und länger im inneren Frieden. Zwei Beispiele können das verdeutlichen.

Herbert nimmt einen Kollegen wahr, der wieder einmal das Bedürfnis zeigt, die Aufmerksamkeit aller anderen auf sich zu ziehen. Da kommt die innere Stimme: »Siehst du, alles muss sich um *ihn* drehen! Es ist wie immer. Bewunderung von allen Seiten, das ist, was der will!« Herbert ärgert sich und beginnt, sich selbst vorzurechnen, dass dies tatsächlich ein wiederkehrendes Verhaltensmuster des Kollegen ist. Die Gedankenspirale entfaltet ihre Wirkung, der innere Friede geht mehr und mehr verloren: »Ja, letzten Dienstag war es genau dasselbe! Vorgestern hat er sich auf Kosten der Sekretärin aufgebläht« etc. Je nach Vorgeschichte können sich bei innerer Zustimmung zu bestimmten Gedanken (und bei deren Befeuerung) Dynamiken in uns entfalten, die Unzufriedenheit, Neid und Ärger steigern – und sogar den äußeren Frieden dauerhaft zerstören können. Eine aktive und kluge Gestaltung der Beziehungen am Arbeitsplatz versucht, den richtigen Ort und Zeitpunkt zu finden, um mit Respekt und Toleranz zu signalisieren, dass andere Teammitglieder bei einem bestimmten Verhalten zu kurz kommen. Hilfreich ist es, sich der eigenen Emotionen und Bedürfnisse bewusst zu sein.

Einem Vater und Großvater wird nach einer anstrengenden Zeit mit seiner Schwiegertochter bewusst, dass er zu Beginn des etwas unglücklich verlaufenen Gesprächs den Eindruck hatte, ignoriert zu werden. Sie hat etwas gegen mich, sie will mich nicht akzeptieren!

Dieser Gedanke schoss ihm immer wieder durch den Kopf – und tatsächlich hat er sich emotional von ihm bestimmen lassen. Das erwähnte Gebet der liebenden Aufmerksamkeit bietet den Ort, an dem zusätzlich zu den äußeren Anlässen für inneren Unfrieden und unglückliche Entscheidungen auch die inneren Beweggründe in den Blick kommen können. Die regelmäßige Praxis eines solchen Gebetes kann helfen, friedenstiftende Beweggründe von Friedensräubern zu unterscheiden. Ignatius empfiehlt, im Gebet vor Gott auszuwählen und klug zu entscheiden, welchen inneren Regungen wir Gehör schenken wollen und welche wir als ungut und lebensfeindlich zurückweisen. Die geistlichen Unterscheidungsregeln des Ignatius sollten nicht auf psychologische Alltagsklugheit reduziert werden. Allerdings bieten seine Anregungen zur aufmerksamen Wahrnehmung und Unterscheidung der »Bewegungen« in unserem Inneren auch psychologisch sehr erhellende Einsichten. *Gratia supponit naturam et perficiat eam* (die Gnade baut auf der Natur auf und vollendet sie), lautet ein Kernsatz der Theologie. Gottes Wirken geht über unsere seelische Natur nicht einfach hinweg. Im Gegenteil, Gott achtet und vollendet sie. In all den ganz natürlichen seelischen Regungen lässt sich deshalb auch Gottes friedvolle Gnade finden. Wer sich bewusst wird, dass ihn bestimmte Nachrichten-Websites meist mit Unfrieden erfüllen, tut gut daran, diese Seiten eher zu vermeiden. Diesen Rat zugunsten einer besseren psychischen Hygiene legt bereits die Tugend der Klugheit nahe. Der betenden Aufmerksamkeit könnte sich allerdings auch zeigen, dass eine bestimmte Gestaltung des sonst im Internet verbrachten Abends den Geschmack eines *geistlichen* Trostes mit sich bringt: eine heitere Freudigkeit, die zu »himmlischen« Gedanken und Beschäftigungen freisetzt und zum Heilwerden der Seele beiträgt, da sie »Ruhe und Frieden in ihrem Schöpfer und Herrn« schenkt (EB 316). Ignatius schreibt bewusst: Ruhe und Frieden *in ihrem Schöpfer und Herrn.* Gläubige Menschen können dies erbitten und danach suchen, Ruhe und Frieden *in ihrem Schöpfer* zu finden. Dieser Friede geht über das rein menschliche Bei-sich-Sein hinaus. Zugleich heißt das Christentum beides gut: Es wäre ein Missverständnis, zu meinen, wir müssten den menschlichen Frieden abwerten, um den geisterfüllten Frieden mehr schätzen zu können. Jeder wahre Friede bietet die Möglichkeit, auch Gott in ihm zu finden.

Als Menschen lernen wir oft aus negativen Erfahrungen. Deshalb ist es sinnvoll, in der Achtsamkeit auf sich selbst und die Mitmenschen auch ein Sensorium für Unfrieden und falschen Frieden zu entwickeln, statt einfach wegzusehen. Die Erfahrung von Unfrieden kann zudem sehr zur Umkehr motivieren. Uns Menschen fällt es in der Regel schwer, unrealistische Pläne und Projekte aufzugeben. Die negative Erfahrung von Stress und großem inneren Unfrieden kann uns die Kraft geben, solche Pläne loszulassen. Dann können wir fragen: Wo lässt sich anstelle von Unfrieden erfüllter innerer Friede finden?

In Psalm 34 heißt es: »Suche den Frieden und jage ihm nach«. Dem hier angedeuteten positiven und auch spirituellen Friedensbegriff der Bibel wollen wir nun nachgehen.

II. Die biblische Verheißung vom Frieden

Kann die Bibel einen Beitrag zu unserem Thema leisten? Wo sie doch selber wiederholt von Gewalt geprägt ist? Die folgenden Ausführungen wollen zeigen, wie komplex die Frage des Friedens ist und wie vielfältig die Bibel darauf Antworten zu geben versucht. Dabei spannen wir einen Bogen vom weiten Bedeutungsspektrum des Wortes »schalom« über Gottes Grundausrichtung, Probleme und Kontraste bis hin zu Wegen in Richtung Frieden.

Die Breite der Bedeutungen von »schalom«

Viele kennen das hebräische Wort *schalom* und verstehen es als »Frieden«. Dies ist auch oft richtig, doch es umfasst viel mehr. Es leitet sich ab von einem Zeitwort, das auch »Gedeihen, Unversehrtheit, Wohlergehen und -befinden« andeutet, und es kann ebenso »Heil, Glück« ausdrücken. Von daher ist an den entsprechenden biblischen Stellen immer auch mehr im Spiel und mitzudenken. Es geht nicht nur um einen friedlichen Zustand, sondern schließt eine ganze Aura von Ruhe, Gelöstheit, Harmonie, Stimmigkeit und Gelingen mit ein – eine Sehnsucht vieler Menschen. Umgekehrt gibt es in der Bibel viele Situationen, in denen »Friede« herrscht, das betreffende Wort aber *nicht verwendet* wird. Zwei Beispiele dafür sind die berühmte Verheißung von der Völkerwallfahrt zum Zion in Micha 4,1–4 (übernommen in Jes 2,2–4) sowie das Bild vom »Tierfrieden« in Jesaja 11,6–8. Micha 4 spricht vom Umschmieden der Waffen (»Schwerter zu Pflugscharen, Lanzen zu Winzermessern«) und davon, dass alle dann ungestört zuhause sitzen können und »niemand sie aufschreckt«. Jesaja 11 lässt Haus- und Raubtiere nebeneinander lagern und Kleinkinder ungefährdet sogar bei giftigen Schlangen spielen – Friede kann auch dort sein, wo das Wort nicht fällt, und auf der anderen Seite reden manche von »Frieden«, ohne dass es ihn gibt.

Jhwh, ein Gott des Friedens

Schon der Beginn der Bibel weist deutlich in diese Richtung. Während in den altorientalischen Mythen (Enuma Elisch, Gilgamesch) die Schöpfung durchweg mit Kämpfen, Gewalt und teils auch Töten erfolgt, schildern Genesis 1–2 die Erschaffung des Universums und der Menschen ganz friedlich, auf sanfte Weise und in großer Leichtigkeit. Geradezu spielerisch, oft alleine durch sein Wort, gestaltet der biblische Gott die Welt und alles in ihr.
Dieser Anfang zeigt die göttliche Grundausrichtung zu Frieden und Heil auf, die in der Folge die gesamte Bibel durchzieht. In den Verhandlungen mit dem Pharao über den Auszug der Israeliten aus Ägypten versucht Jhwh ganz lange, eine friedliche Lösung zu erreichen. In den neun Zeichen (Ex 7–10) bietet Gott ihm wiederholt die Gelegenheit, die ungerechte Unterdrückung zu beenden, doch der ägyptische König widersetzt sich, mehrfach wortbrüchig, bis er nach dem Tod der Erstgeburt doch nachgibt (Ex 12,30–33). Der bekannteste Segenstext der Bibel steht in Numeri 6,24–26. Von Mose instruiert, sollen Aaron und seine Söhne den Israeliten Jhwhs Segen zusprechen. An des-

sen Ende steht als Höhepunkt: »... und er gebe dir *schalom*!« Ähnlich schließt auch Psalm 29,11 mit dem Wunsch: »Jhwh möge sein Volk mit *schalom* segnen.«
Israel ist das einzige Volk des Alten Orients, das ein »Kriegsgesetz« hat, in Deuteronomium 20. Während viele andere Nationen ihre Kriege grausam geführt haben, ohne humanitäre oder andere Rücksichten, muss Israel Regeln einhalten. Darin wird als Erstes gefordert, Frieden anzubieten (Dtn 20,10–11). Erst wenn dies abgelehnt wird, darf es zur Auseinandersetzung kommen. Selbst dann sind Früchte tragende Bäume zu schonen (Dtn 20,19–20).
Als Gideon bei seiner Berufung realisiert, dass Gott ihm erschienen ist, und sich deswegen ängstigt, sagt dieser ihm »Friede sei dir!« zu (Ri 6,23). Der Zuspruch löst die Furcht, Gideon baut einen Altar und benennt ihn »*Jhwh ist Friede*« (V. 24). Diese tiefe Erfahrung gibt ihm Mut, in der Folge gegen die Verehrung anderer Gottheiten vorzugehen (V. 25–32) und die Midianiter zu besiegen (Ri 7), die bisher wiederholt Israel angegriffen und um seine Ernte gebracht haben (6,2–6). Die Erzählung aus dem Buch der Richter zeigt: Gott verhilft Gideon und dem Volk zu Frieden.
Das Motiv des Friedens reicht ins *Neue Testament*: 1 Thessalonicher, der älteste Paulus-Brief, wünscht im Abschluss (1 Thess 5,23), dass »der Gott des Friedens« die Gemeinde heilige. Derselbe Apostel sagt im Philipperbrief den Gläubigen zu: »Der Gott des Friedens wird mit euch sein« (Phil 4,9); zwei Verse zuvor hatte er ihnen davon gesprochen, dass »der Friede Gottes alles Denken übersteigt« (V. 7). Von dieser Erfahrung her fordert er auch die Gemeinde in Korinth auf: »Haltet Frieden!« und motiviert sie mit: »Und der Gott der

Liebe und des Friedens wird mit euch sein« (2 Kor 13,11).

Paulus führt damit weiter, was *für Jesus ein zentrales Anliegen* war. Bei der Aussendung der Jünger gibt Jesus ihnen den Auftrag, als Erstes zu sagen: »Friede diesem Haus!« (Lk 10,5). Nach seinem Tod, als Auferstandener, begrüßt er sie, die ihn bei seiner Gefangennahme verlassen hatten, mit »Friede sei euch!« (Joh 20,19) und wiederholt es nochmals (V. 21) – ein Zeichen, dass er ihnen nichts nachträgt. Auch eine Woche später, als Thomas dann dabei ist, erfolgt dieselbe Zusage: »Friede sei mit euch!« (20,26). Diese Erfahrung mit Jesus prägt den Epheserbrief, der das verbindende Wirken Christi begründet mit »denn er ist unser Friede« (Eph 2,14) und wenig später von ihm sagt: »Er verkündete den Frieden, euch, den Fernen, und Friede den Nahen« (V. 17). Das Neue Testament zeigt so: Jesus schenkt die Lösung aller Konflikte und Beunruhigungen, und seine Botschaft hat diese Kraft und Ausstrahlung für alle, unabhängig von ihrem geographischen oder geistlichen Abstand zu ihm.

Der »Gott des Friedens« zeigt sich bereits im Alten Testament: In Jeremia 29 tröstet Jhwh jene, die nach der Kapitulation Jerusalems 597 v. Chr. nach Babel verschleppt worden sind, u.a. damit, dass er für sie »Gedanken des Friedens / Heils und nicht des Unheils« hegt (V. 11). Wenige Verse früher forderte er sie schon auf, für ihre Feinde, die sie aus der Heimat weggeführt hatten, zu beten: »Suchet den Frieden / das Heil der Stadt, … und betet für sie zu Jhwh, denn in ihrem Frieden / Heil wird euch Friede / Heil sein« (Jer 29,7). Jer 29 zeigt einerseits, wie Gott eine sehr schwere, leidvolle Situation zum Guten wenden will, und andererseits, dass er *auf Versöhnung unter ›Gegnern‹*

ausgerichtet ist und darauf hinwirkt. Später, in Jer 33,6, steigert Gott seine Zusage noch, indem er der zerstörten Stadt eine »Fülle an Frieden / Heil und Treue / Wahrheit« verspricht, welche die Menschen dort freudig erbeben lässt (V. 9). Nach Jeremia sollen die Menschen sich um Frieden bemühen. Letztlich ist der Friede jedoch eine Gabe, die von Gott stammt.

Dies zeigt sich auch in der Liturgie. Der Entlassruf der Messe, »Gehet hin in Frieden!«, hat biblische Wurzeln. Die wohl schönste Stelle ist jene, wo der Prophet Elischa den aramäischen Feldherrn Naaman damit beruhigt. Jener hatte sich gesorgt, aus politischer Opportunität bei der Begleitung seines Königs im Tempel Rimmons vor dieser fremden Gottheit auch einen Akt der Verehrung ausführen zu müssen. Elischa enthebt ihn seiner Angst bezüglich des scheinbaren Götzendienstes mit »Geh in Frieden!« (2 Kön 5,18–19), in großem Verständnis und *religiöser Toleranz*.

Frieden mit Gott zu schließen ist eine Bedingung dafür, dass sein Weinberg (= Israel) gedeihen kann und nicht wieder von Unkraut überwuchert wird (Jes 27,5). Im späteren Verlauf des Buches erfolgen große Versprechungen, etwa in Jes 57,19 mit »Friede, Friede, dem Fernen und dem Nahen!«, damit für alle – ausgenommen die Frevler (V. 21) – sowie im letzten Kapitel für Jerusalem in überreichem Maße: »Siehe, ich bin leitend zu ihr Frieden wie einen Strom« (Jes 66,12). Psalm 122,6–8 nimmt dieses Motiv als Wunsch und Bitte auf.

Zum Abschluss dieses Abschnitts mag ein weiteres Psalmzitat die Grundausrichtung des biblischen Gottes zusammenfassen: »Ich will hören, was der El, Jhwh, redet. Ja, er redet »Frieden / Heil« zu seinem Volk und zu seinen Getreuen (Ps 85,11). Gottes *Absicht und Ziel* sind Eintracht, Harmonie und Wege zum Guten. Die Bibel zeugt durchgehend davon.

Probleme mit »Frieden« in der Bibel

Manchen mögen die obigen Ausführungen zur göttlichen Grundausrichtung auf Frieden zu einseitig oder optimistisch erscheinen. Es gibt ja auch Bibelstellen, in denen von Konflikten, Kriegen und Gewalt die Rede ist, oft mit Gott als Beteiligtem. Um dieses *scheinbare Paradox* besser zu verstehen, möchte ich, Georg, zuerst einmal einige Vergleiche anführen, bevor wir direkter die Schwierigkeiten besprechen.

Häufig können wir in unserer Welt einen längeren Prozess wahrnehmen, bis es zu einem *Ausgleich*, einer Art »Balance« zwischen verschiedenen Interessen kommt. So gibt es einen »Kampf« der Pflanzen um Licht und Nährstoffe; wenn eine Gattung aber unverhältnismäßig zunimmt, kann sie dadurch auch sich selber gefährden und erfährt Reduzierung. Ähnlich ist es mit Tieren: Zu viele Raubtiere bei ungenügendem »Nahrungsangebot« bekommen ein Problem; dann können selbst sie nicht überleben. Es bedarf also eines Gleichgewichts unter den verschiedenen Gruppen.

Unter uns Menschen lassen sich ebenso derartige Mechanismen beobachten. Wenn einige sich zu viele Privilegien herausnehmen, gibt es Kritik und es kommt zu Widerstand. So regelt sich, allerdings manchmal erst nach langer Zeit, Ungleichheit und Unrecht in Richtung einer faireren Verteilung, die von einer großen Mehrheit als akzeptabel empfunden wird und länger bestehen kann. Auf dem Weg dahin gibt es Konflikte und Kämpfe. In vergleichbarer Weise enthält auch die

Bibel Zeugnisse von *Auseinandersetzungen*, bis Frieden eintreten kann.
Theologisch liegt die größte Herausforderung in der Bezeichnung von Jhwh selbst als »Krieger« im Schilfmeerlied (Ex 15,3). Gerade die gesamte Erzählung vom Auszug Israels aus Ägypten macht aber deutlich, dass dies *als Rettung* gegenüber bedrohender feindlicher Übermacht zu verstehen ist; nicht menschliche Kraft ist entscheidend, sondern Gottes Hilfe, wie Mose dem Volk angesichts der Verfolgung ermutigend versichert (Ex 14,13–14). Dies zeigt sich ebenfalls beim Angriff der Amalekiter in Ex 17,8–16, bei dem Moses erhobene Hände symbolisch für Beten und den erflehten göttlichen Beistand stehen, oder beim Sieg Gideons über Midian (Ri 7) und an vielen weiteren Stellen.
Diese »kämpferische Seite« des biblischen Gottes ist auch vor dem Hintergrund des Alten Orients zu sehen. Krieg war damals immer eine »religiöse Angelegenheit« (Herbert Haag). In Ägypten verstand man ihn als von den Göttern übertragene Verpflichtung und Verantwortung zur »Abwehr des Chaos« und Aufrechterhaltung der immer gefährdeten Ordnung, und die Assyrer deuteten ihre auf Weltherrschaft ausgerichteten Kriegszüge im Namen ihres Gottes Aššur als Herstellung einer »Friedensordnung« (Eckart Otto). Als Folge dieser Auffassungen ergab sich ein intensives Bestreben nach eigener militärischer Stärke.
Von solchen Ideologien hebt sich die Vorstellung des Alten Testaments von Jhwh markant ab. Nicht Israel führt eigentlich die Kriege, sondern sein Gott. Nicht die Stärke des Heeres oder die Waffen sind entscheidend, sondern die göttliche Hilfe, sein Einschreiten (siehe als zwei Beispiele: Ri 7; 2 Chr 14,7–12); so kann

Israel bei der Rekrutierung viele freistellen, z.B. frisch Verlobte und sogar alle jene, die Angst haben (Dtn 20,3–8). Jhwhs Ziel ist es, Kriege zu beenden (Jdt 16,2), auch durch das Zerstören von Waffen (Ps 46,10; 76,4) bzw. durch deren Umschmieden (siehe schon oben den Verweis auf Mi 4,1–4 // Jes 2) – angesichts dessen, dass im Jahr 2022 die weltweiten Ausgaben für Waffen 2,2 Billionen Euro betragen haben, hätte die Menschheit damit viel gewonnen und sich enormes Leid ersparen können.

Ein Problem zum richtigen Verständnis des biblischen Gottes liegt noch in jenen Texten vor, die Befehle zum kriegerischen Erobern des Landes und zur Tötung seiner Bewohner enthalten (z.B. Dtn 1,7–8; 7,1–5, Stichwort »Bann«) oder deren Vollzug schildern (etwa Jos 6, die »Einnahme« von Jericho). Doch die historische Forschung hat gezeigt, dass diese Darstellungen *nicht der Realität entsprechen*. Sie stammen aus weit späterer Zeit, als Juda nach dem Untergang Jerusalems 587 v. Chr. über Jahrhunderte von fremden Mächten abhängig wurde und seine Vergangenheit verzerrt beschrieb. Dieses Bild sollte Gottes Unterstützung und die Tüchtigkeit der Vorfahren sowie den Gehorsam Gott gegenüber herausstreichen, vor allem aber den eigenen Anspruch auf das »verheißene« Land absichern. Alle diese Texte sind keinesfalls als Aufforderungen zu gewaltsamem Vorgehen heute zu verstehen.

Als Argument für die Vernichtung der Bevölkerung des Landes diente die Gefährdung, die von deren Verehrung anderer Gottheiten ausgeht. Dabei wird ein aktuelles Problem aus der Gegenwart der diese Texte in nachexilischer Zeit Schreibenden in die Frühzeit übertragen. Zugleich wird klar, dass ein solches Vernichten *keine Lösung* sein kann: Es hat früher nicht funktioniert, die Hinwendung zu fremden Göttern hält immer noch an – sogar weiter ins Neue Testament hinein (vgl. 1 Joh 5,21; Offb 9,20; 22,15) und bis in unsere Zeit. Friede entsteht nicht durch die Tötung von Menschen.

Eine letzte häufig geäußerte Schwierigkeit bezüglich Frieden in der Bibel, vor allem beim Alten Testament, besteht in der *Thematik des Vergeltens*. Im Bundesbuch wird gefordert »Auge für Auge, Zahn für Zahn« (Ex 21,24) – dies scheint weiteren Schaden zuzufügen und eher nicht zu Versöhnung beizutragen. Doch diese Bestimmung ist zu sehen vor dem Hintergrund, dass Rache damals vielfach üblich war. Demgegenüber bedeutet das Antun derselben Verletzung eine Beschränkung auf »nur« gleiches Ausmaß und damit einen großen Fortschritt; außerdem wurde der erlittene Schaden durch eine Ersatzleistung kompensiert. Wo biblische Texte Vergeltung oder gar »Rache« Gott zuschreiben (z.B. Nah 1,2), liegt eine unzutreffende Übersetzung vor; gemeint ist in jedem Fall *»gerechter Ausgleich«* (Georg Sauer), durch den Jhwh eine Situation groben Unrechts korrigiert und zugunsten der Leidenden einschreitet.

Sogar bei Jesus erwecken manche Aussagen Verunsicherung bezüglich seiner Einstellung zum Frieden. Am pointiertesten ist wohl jene bei Matthäus, wo er sagt: »Ich bin nicht gekommen, um Frieden zu bringen, sondern das Schwert« (Mt 10,34). Der dort folgende Hinweis auf familiäre Zerwürfnisse lässt besser begreifen, dass die zugespitzte Formulierung vor allem die *Folgen* aufzeigen soll, die mit Jesu Auftreten verbunden sind. Die Aussage steht so nicht im Widerspruch dazu, dass er – wie oben ausgeführt – grundsätzlich auf Frieden ausgerichtet war und Versöhnung angestrebt hat.

Kontraste bezüglich »Frieden«

Die Bibel weist zu unserem Thema weitere Spannungen auf. Eine besteht in der *Diskrepanz* zwischen »Frieden« reden und der tatsächlichen, dem widersprechenden Situation. Zwei Beispiele dafür: a) Samuels Antwort an die Ältesten in Betlehem in 1 Sam 16,4–5 ist ausweichend, ähnlich wie jene der Schunemitin an Gehasi, Elischas Diener, in 2 Kön 4,26 (manche Übersetzungen geben »Frieden« umschreibend mit »gut gehen« wieder); es ist klar, dass die Salbung Davids zum Konflikt mit dem König Saul führen wird, und der Schunemitin ist ihr einziger Sohn gerade gestorben. b) Davids Erkundigung nach – so wörtlich, in einmaliger Kombination – dem »Frieden des Kriegs« in 2 Samuel 11,7 ist scheinheilig und ein Versuch, von seinem Ehebruch abzulenken.
Eine andere Dimension nimmt der Kontrast von realer Situation und Reden von Frieden / Heil bei Gottes Sprechern an. Mi 3,5 kritisiert *korrupte Propheten*, die ihre Verkündigung nach der ihnen gewährten Unterstützung ausrichten. Bei Ezechiel klagt Gott Propheten an, die das Volk mit ihrer falschen Friedens- / Heilsansage in die Irre führen (Ez 13,10.16). Bei Jeremia erscheint dieses Motiv noch verstärkt durch die Verdoppelung von »Frieden« und weitere Vorwürfe (Jer 6,13–14 // 8,10–11; 14,13–14; 23,17). Diese anderen Propheten künden in Gottes Namen an, dass trotz Vergehen, Unrecht und schwerer Missstände alles »doch gut ausgehen« werde – entgegen der faktischen Lage, die von Frieden / Heil weit entfernt ist. Solches

Reden täuscht und wiegt in falscher Sicherheit. Die genannten Stellen zeigen, dass Friede eng mit Gerechtigkeit verbunden ist.

Weniger deutlich als im hebräischen Original ist in unserer Sprache der *Gegensatz bei Namen* von Personen und deren Verhalten. Einer von Davids Söhnen heißt Abschalom, auf Deutsch »Der Vater ist Friede / Heil«. Er ist eine Hauptfigur in 2 Sam 13–19, bringt hinterlistig Davids Erstgeborenen Amnon um und damit Zwist in die Familie, redet schlecht über seinen Vater und trachtet ihm nach dem Leben, um selbst König zu werden. Ein Kontrast besteht auch bei Salomo, Davids Nachfolger, dessen Namen man als »sein Friede« deuten kann. Er beginnt seine Herrschaft nämlich mit drei Auftragsmorden (1 Kön 2,24–25.29–34.46). – Die genannten Stellen legen sehr nahe, wenn jemand von »Frieden« spricht, jeweils genau zu prüfen, ob das für sein Handeln auch zutrifft.

Varianten des Kontrastes finden sich einerseits im inneren Erleben, anderseits in *Beziehungen*. Für Letzteres bietet Ps 120,6–7 das wohl schönste Beispiel. Der Beter muss wohnen bei Menschen, die Frieden hassen; er selber will Frieden, die anderen aber Krieg. In Ps 55,19 dankt der Psalmist Gott dafür, dass er ihn »in Frieden« von gegen ihn Kämpfenden erlöst hat. Erfahrungen von Konflikten gibt es aber nicht nur mit außen, sondern auch innerlich. So heißt es in Ps 38,4: »Nicht ist Friede in meinen Gebeinen wegen meiner Sünde.« Unruhe in sich zu spüren ist eine vielfache Erfahrung auch heute. Diese und andere biblische Texte lassen uns Ursachen von Unfrieden im eigenen Leben erkennen.

Nach Kohelet 3,8 gibt es »eine Zeit für Krieg und eine Zeit für Frieden«. Im Hintergrund steht die Überzeugung, dass Gott alles umfängt, wie es, für manche irritierend, Jes 45,7 ausdrückt: »Bildend Licht und schaffend Finsternis, machend Frieden und schaffend Unheil, ich, Jhwh, bin machend dies alles«. Angesichts des widersprüchlich Erscheinenden, der vielen Kontraste und Konflikte mag uns ein Trost sein, dass Gott über all dem steht und sein letztes Ziel immer Frieden und Heil ist.

Wege in Richtung Frieden

Bis zur Erfüllung dieses Zieles dauert es aber noch. Jesaja erhebt den Vorwurf, dass einige Menschen »weder den Weg des Friedens noch Frieden kennen« (Jes 59,8). Angesichts der Weltlage heute mag man diesem Urteil zustimmen. Zugleich jedoch fordert die Bibel dazu auf, »*Frieden zu suchen* und ihm nachzujagen« (Ps 34,15; der heilige Benedikt hat diesen Vers in den Prolog seiner Regel aufgenommen), wörtlich sogar »ihn zu verfolgen«. Sie zeigt auch mehrfach auf, wie das gelingen kann. Ich erwähne einige Momente dafür.

Unrecht ist wie eine Wunde, die niemals Ruhe gibt. Von dieser Erfahrung her erschließt sich, dass *Gerechtigkeit* ein Schlüssel zum Frieden ist. So formuliert Jesaja 32,17 »das Werk der Gerechtigkeit wird Frieden sein«, und Sacharja 8,16 spricht vom »Recht des Friedens«. Ps 85,11–12 fasst diesen Zusammenhang wunderschön in poetische Bilder:

> »Verbundenheit und *'ämät* (Wahrheit / Treue; das hebräische Wort umfasst beides) begegnen einander, Gerechtigkeit und Friede küssen einander. Wahrheit / Treue sprosst aus der Erde, und Gerechtigkeit schaut vom Himmel herab.«

»Erde« und »Himmel« deuten an, dass es zu einer universalen Harmonie kommt. Zusätzlich nennt *Wahrheit / Treue* eine zweite Bedingung für Frieden; das oben erwähnte falsche Reden zeigte dies bereits von der Gegenseite her auf. Bei Lüge, Falschheit, Betrug kann es keinen dauerhaften Frieden geben (siehe Jer 6,13). Von daher erschließt sich sowohl die Aufforderung in Sacharja 8,19 »und liebt Wahrheit und Frieden!« als auch die göttliche Verheißung in Jeremia 33,6 »und ich enthülle ihnen eine Fülle von Frieden und Wahrheit / Treue«.

Nicht so angenehm, doch ganz real ist die Erfahrung, dass *Leid und Schmerz* oft dem Frieden vorausliegen und ihn vorbereiten. Es trifft auf Kriege zu, ebenso auf gesellschaftliche Auseinandersetzungen und innere Konflikte. Letzteres benennt König Hiskija in Jesaja mit »siehe, zum Frieden / Heil wurde mir Bitteres, Bitteres« (Jes 38,17). Rätselhaft klingt eine Formulierung aus dem vierten Lied vom Diener Jhwhs in Jesaja: »Züchtigung / Strafe unseres Friedens war auf ihm« (Jes 53,5). Sie drückt aus, was sehr häufig geschieht, dass nämlich unschuldige Menschen die Folgen des von anderen begangenen Unrechts zu tragen haben. Sie tragen entscheidend dazu bei, dass es gesamtheitlich zu einer friedvolleren Lösung kommen kann.

Einen solchen positiven Beitrag streben manche aktiv an, indem sie *Richtung Versöhnung zu wirken* versuchen. Es sind u.a. jene, welche zum Frieden raten (Spr 12,20), und die Friedensstifter (Mt 5,9); Letztere preist Jesus sogar selig. Einen Weg zur Versöhnung schildert auch Genesis 37–50 mit der Entwicklung von Josef und seinen Brüdern. Leiden und Einsicht führen sie nach vielen Jahren dazu, über schwere Verletzungen hinwegzusehen und, nachdem sie früher nicht mehr

friedlich miteinander reden konnten (Gen 37,4), einander wieder geschwisterlich und aufbauend zu begegnen. Dabei spielt die Ausrichtung auf Gott eine Schlüsselrolle (siehe Gen 45,5–8 und 50,16–21).
Letzteres unterstreicht, was die Bibel insgesamt vermittelt: Wie Menschen *von Gott denken*, ist entscheidend dafür, ob sie einander gewalttätig oder friedlich begegnen. Die biblischen Schriften bezeugen Jhwh als jemand, der eine eindeutige Präferenz für gütliche Lösungen und einvernehmliches Zusammenleben hat. Wer an ihn glaubt, sollte in gleicher Weise denken und handeln.
Dafür gilt die Ansage von Psalm 37,37: »Es gibt Zukunft für den Menschen des Friedens«: Der Friede ist einerseits anzustreben in persönlichem Einsatz und anderseits von Gott zu erbitten, als sein Geschenk. In Jesaja 9,5–6 hat Jhwh einen »Fürst des Friedens« versprochen, in dessen Herrschaft es »*Frieden ohne Ende*« geben wird – darauf wartet sehnsüchtig der Großteil der Menschheit.

III. Vom Weg der Ehre zum Weg der Demut: die Lebenswende des Ignatius

Als »Soldat der Kirche«[5] wird Ignatius von Loyola oft bezeichnet. Für diese Einschätzung spricht nicht zuletzt, dass Ignatius im Gründungsdokument des Ordens selbst vom »Kriegsdienst« unter dem Banner Christi spricht. Wir wollen nun zeigen, dass dieses weitverbreitete Bild von Ignatius als Soldat irreführend ist. Durch seine geistlichen Übungen und v.a. durch das Beten mit den Evangelien wurde Ignatius zu einem Mann des Friedens.

Charakterbild des Ignatius

Nach dem Zeugnis seiner Zeitgenossen war Ignatius von Loyola ein sehr willensstarker und auch impulsiver Mensch. Über die Jahre vor seiner Bekehrung ist nicht sehr viel bekannt. Im Jahr 1491 auf dem elterlichen Schloss in Loyola im Baskenland geboren, hatte Ignatius als junger Landadeliger das Glück, schon 16-jährig am Hof des königlichen Schatzmeisters als Page zu lernen und zu dienen. Eine ehrenvolle Karriere schien ihn zu erwarten und tatsächlich suchte Ignatius – neben Trinkgelagen und dem Kontakt mit Frauen – genau dies: Ehre und Ruhm angesichts persönlicher Auszeichnungen und heldenhafter Erfolge. Im *Bericht des Pilgers* (Abk. BP) erzählt er, bis ins Alter von 26 Jahren sei er ein »den Eitelkeiten der Welt hingegebener Mensch« gewesen, der sich im »großen und eitlen

Wunsch, Ehre zu erlangen, hauptsächlich an Waffenübungen« vergnügte (BP 1).[6]
Die Forschung geht heute davon aus, dass der Lebensbericht, den Ignatius einem Mitbruder diktierte, auch einige Ausführungen zu seiner Jugend enthielt: zu Raufhändeln, Trinkgelagen, Liebschaften usw.[7] Vermutlich haben die Oberen des jungen Jesuitenordens diese Zeilen oder Abschnitte entfernen lassen, um das Bild des Ordensgründers nicht in ein schlechtes Licht zu rücken. Bekannt ist jedenfalls, dass Ignatius vor seiner Bekehrung das Haus zeitweise nur mit Begleitung verlassen konnte: Sein ausufernder und streitsüchtiger Lebensstil hatte offenbar dazu geführt, dass ihm andere nach dem Leben trachteten.[8] So wie Ignatius aufwuchs und als Jugendlicher sein Leben verbrachte, war er zu allen anderen als einem friedliebenden Menschen herangewachsen.
Im Gegenteil, als kurzes Motto seiner Lebensmaxime wäre »Ehre durch Waffen und heldenhaften Kampf!« äußerst passend. Es gibt viele Episoden zu Beginn des Pilgerberichts, die zeigen, dass dieser Gedanke an Ehre einer der zentralen Beweggründe des Ignatius war: jene Episoden der waghalsigen Verteidigung der Festung in Pamplona, die zu seiner schweren Knieverletzung führte und damit der Bekehrung den Boden bereitete (BP 1f.); die Tagträume auf dem Krankenbett, in denen er sich im Dienst einer hochadeligen Dame (vermutlich der jüngsten Schwester Kaiser Karls V.!) Heldentaten vollbringen sieht (BP 6); die alternativ bedachte Nachahmung der Heiligen, die deren große Taten selbstverständlich übertreffen mussten (BP 8) usw. Im Folgenden möchten wir eine andere Begebenheit herausgreifen, die zugleich zeigt, dass Ignatius auch nach seiner Bekehrung noch einige Zeit in den

Kategorien von Ehre, Waffen und Gewalt dachte. Der neue Weg des Ignatius, seine zunehmende Nachahmung des Lebens Jesu, sie begannen keineswegs mit natürlichen Neigungen zu Friedfertigkeit und Nächstenliebe.

Als Ignatius frisch bekehrt und genesen das elterliche Schloss verließ, steuerte er zunächst große Wallfahrtsorte an: zuerst das Nationalheiligtum seiner baskischen Heimat in Aránzazu, dann den Montserrat in Katalonien, einen berühmten benediktinischen Marienwallfahrtsort auf dem gleichnamigen Berg nordwestlich von Barcelona. Als er mit seinem Maultier Aránzazu verlassen hatte und zum Montserrat hin ritt, ereignete sich eine Begegnung, die Ignatius berichtet, um zu zeigen, wie »blind« seine Seele zu dieser Zeit noch war (vgl. BP 14). Ein Maure, ein Muslim, holte ihn auf einem Maultier reitend ein, die beiden Reiter kamen ins Gespräch. Ignatius erzählte ihm vermutlich von seinem Besuch in Aránzazu und vom Weg zum Montserrat. Als Ignatius mit Liebe und persönlicher Begeisterung von Maria, der jungfräulichen Mutter Jesu, sprach, bekennt der Maure, dass er zwar davon ausgehe, dass Maria ohne Zutun eines Mannes schwanger geworden sei, dass er aber nicht glauben könne, dass Maria bei der Geburt Jesu weiter Jungfrau blieb. Ignatius schafft es trotz vieler Argumente nicht, ihn von der Jungfräulichkeit Mariens zu überzeugen. Der Maure reitet weiter. Ignatius bleibt rätselnd zurück.

Was sollte er nun tun? Er hatte die Ehre Mariens nicht verteidigen können! Für Ignatius eine Frustration, ein Scheitern. In seiner autobiographischen Erzählung berichtet er von seinen inneren Regungen: Gedanken, die zu Unzufriedenheit führten, weil er »seine Pflicht«, die Ehre Mariens zu verteidigen, nicht erfüllt

hatte; »Empörung gegen den Mauren« (BP 15); der Wunsch, die Ehre der Gottesmutter wiederherzustellen; schließlich der Gedanke und das Verlangen, dem Mauren Dolchstöße zu versetzen, um ihn für die Ehrverletzung zu bestrafen. Ignatius bleibt im Unklaren, was er tun solle, und überlässt die Entscheidung seinem Maultier: Wenn dieses bei der nächsten Kreuzung dem Mauren in die nahe Kleinstadt folgte, so würde Ignatius die Idee der gewaltsamen »Wiederherstellung der Ehre Mariens« verwirklichen. Wenn das Maultier auf dem an der Stadt vorbeiführenden Weg weiterlaufen wollte, so würde er die Sache ruhen lassen. Das Maultier lief – Gott sei Dank – an der Stadt vorbei!
Die erzählte Begebenheit ist aufschlussreich: Sie zeigt nicht nur, dass der frisch bekehrte Ignatius nicht wusste, wie er gut und »gottgefällig« Entscheidungen treffen konnte. Sie zeigt auch Ignatius' gewaltbereiten Charakter und dass dieser trotz der ersten Bekehrung in Loyola noch sehr lebendig war. Eine einmalige Bekehrung war offenbar nicht genug, um seinen Charakter zu verwandeln. Ignatius hatte seine Wertehierarchie noch nicht verändert. Durch die Betrachtung des Lebens Jesu bahnte sich diese tiefere Bekehrung jedoch langsam an: Auf dem Montserrat vollzog Ignatius entscheidende Schritte zur inneren Neuausrichtung.

Bekehrung und das Ablegen der Waffen

Schon während seiner Anreise zum Montserrat plante Ignatius eine Nachtwache vor dem berühmten Marienbild des Wallfahrtsortes. Er spürte, dass sein Denken und seine Imagination noch sehr stark von den Inhalten seiner geliebten Ritterromane (v.a. vom Roman *Amadís de Gaula*) beeindruckt waren.[9] Vom intensiven

Wachen und Beten erhoffte er sich größere Klarheit und Freiheit für seinen weiteren Weg. Zudem beschloss er, seine guten Kleider abzulegen, um stattdessen die »Waffen Christi« anzulegen (BP 17). Auf dem Berg angekommen, suchte er den Kontakt zu einem der Benediktinerpatres, beichtete drei Tage lang und beschloss, auch sein Schwert und seinen Dolch am Marienaltar der berühmten Kirche zurückzulassen. Welche Überlegungen hatten ihn auf diese Idee eines Waffentausches zugunsten der »Waffen Christi« gebracht?

Ignatius konnte zu dieser Zeit noch kein Latein. Deshalb konnte er die Lesungen der Bibel nicht verstehen. Vielleicht hat ihm der Benediktinerpater einen Abschnitt aus dem Brief an die Epheser zusammengefasst. Dort mahnt Paulus die Gläubigen: »Zieht an die Waffenrüstung Gottes, um den listigen Anschlägen des Teufels zu widerstehen! Denn wir haben nicht gegen Menschen aus Fleisch und Blut zu kämpfen, sondern gegen Mächte und Gewalten … gegen die bösen Geister in den himmlischen Bereichen« (Eph 6,11f.). Ignatius hat sicherlich verstanden, dass der eigentliche Gegner des Menschen nicht der Mitmensch, sondern die Versuchung zum Bösen ist. Paulus verweist deshalb auf eine ganz besondere Art von Waffen. Er fährt fort: »Darum legt die Waffenrüstung Gottes an … Steht also da, eure Hüften umgürtet mit Wahrheit, angetan mit dem Brustpanzer der Gerechtigkeit, die Füße beschuht mit der Bereitschaft für das Evangelium des Friedens. Vor allem greift zum Schild des Glaubens! Mit ihm könnt ihr alle feurigen Geschosse des Bösen auslöschen. Und nehmt den Helm des Heils und das Schwert des Geistes, das ist das Wort Gottes! Hört nicht auf, zu beten und zu flehen!« (Eph 6,13–18)

Paulus empfiehlt offenbar Tugenden wie Wahrhaftigkeit, Gerechtigkeit und Glauben sowie das Wort Gottes als die wahren »Waffen« – und er fordert Bereitschaft für das Evangelium des *Friedens*. So kann die Thematik des Kampfes für Ignatius relevant bleiben. Vermutlich treten auch bei ihm die Tugenden und das Ringen um ein Leben aus dem Glauben an die Stelle von Schwert und Dolch. Für seine Exerzitienspiritualität und auch bei der Gründung des Jesuitenordens bleibt der Gedanke an das Kämpfen, wie wir noch sehen werden, durchaus essentiell. Ignatius kann den Kampf sogar mit der Idee eines *inneren Friedens* in Verbindung bringen. Einige Jahre später formuliert er in einem seiner Briefe: »Denn es ist gewiss, dass die Nachlässigen deshalb, weil sie nicht gegen sich kämpfen, spät oder niemals zum Frieden der Seele gelangen ...« (BU 96) Das Schwert des Ignatius kann heute in der Iglesia del Sagrado Corazón (der Kirche vom Heiligsten Herzen Jesu) in Barcelona besichtigt werden.

Das Niederlegen der Waffen war während Ignatius' Besuch des Montserrats ein wichtiger Schritt. Es sollte allerdings nicht übersehen lassen, dass auch das Ablegen seiner noblen Kleider von großer Bedeutung war: Vor seiner großen Nachtwache am Vorabend des Festes Mariä Verkündigung (am 25. März) ging Ignatius heimlich zu einem Armen und schenkte diesem seine wertvollen Kleider. Er selbst schlüpfte in ein langes Gewand aus rauem Stoff, das er sich auf dem Weg zum Montserrat hatte anfertigen lassen. Er wählte die damals übliche Kleidung der Pilger, die zugleich ein Gewand der Armut war. Um nicht gesehen und möglicherweise bewundert zu werden, brach er bei Tagesanbruch sehr früh in das nahe Städtchen Manresa auf, wo er in einem Buch, das er bei sich führte, einige Notizen machen wollte (vgl. BP 18). Während er zu Beginn seiner Pilgerreise noch eitel von großen Taten im Dienste Gottes träumte, suchte er nun der Bewunderung zu entkommen. In Manresa schrieb er die ersten wichtigen Abschnitte für das spätere Exerzitienbuch. Dort wird er die Armut und die Demut Jesu als Vorbild für die Gläubigen empfehlen.

Ignatius nach Manresa: zielstrebig und friedvoll

Anders als ursprünglich geplant, blieb Ignatius ca. elf Monate in Manresa. Später beschreibt er den Ort als seine Zeit der »Urkirche«: Er widmete sich intensiv dem Gebet und verschiedenen geistlichen Übungen. Zugleich erlebte er dort – evtl. auch aufgrund seiner fehlgeleiteten Radikalität in Selbstgeißelungen und beim Fasten – schwere Skrupel und eine große Krise, die ihn bis zu Suizidgedanken brachte. Am Ende all seiner Gebete, Skrupel und Ängste fand er durch Gottes Hilfe neues Licht und einen heilsamen Durchbruch im Leben des Geistes. Auch sein Charakter änderte sich durch die Gebete und Übungen und v.a. durch die Krise und die Erleuchtungen, die Gott ihm schenkte: So willensstark und strebsam Ignatius auch nach Manresa blieb, nun scheinen deutlich friedvollere Charakterzüge durch. Einige Begebenheiten aus dem Pilgerbericht zeigen das sehr anschaulich.
Ignatius brach von Manresa auf, um die Reise nach Jerusalem anzutreten und – dies ist nun neu – um dort zu bleiben. Er schiffte in Barcelona ein, reiste nach Venedig und schloss sich dort einer Wallfahrtsgruppe an. Als er nach vielen Strapazen im Heiligen Land ange-

kommen war und die Stadt Jerusalem zum ersten Mal erblickte, überwältigte ihn großer Trost und eine tiefe Freude (BP 45). Ignatius sieht sich bestätigt und fasst den festen Vorsatz, in Jerusalem zu bleiben, die heiligen Stätten zu verehren und den Seelen dort zu helfen (vgl. BP 46). Eine erste Verhandlung mit dem Guardian, dem für die Seelsorge im Heiligen Land zuständigen Franziskaner, verläuft positiv. Ignatius ist glücklich und beginnt, Briefe zu schreiben.
Da ändert der Guardian plötzlich seine Meinung und lässt ihm mitteilen: Morgen noch solle er mit den anderen zurückreisen. Ignatius' entschiedene Antwort wird niemanden überraschen: »um keinen Preis der Welt« (BP 46) werde er gehen! Es kommt zum Gespräch mit dem Provinzial, dem höchsten Oberen der Franziskaner im Heiligen Land. Dieser droht, er habe die Vollmacht, ihn zu exkommunizieren, und wie reagiert Ignatius? Der früher so impulsive Baske akzeptiert die Entscheidung, die er nicht ändern kann. Das Geheimnis seiner Friedfertigkeit zeigt sich noch am selben Tag, als ihn ein Diener des Klosters vom Ölberg wegführt. Dort war Ignatius hingeeilt, um Abschied zu nehmen. Als ihn der mit einem Stock bewaffnete Diener abführt, bleibt Ignatius friedlich und – trotz der äußeren Frustration – in großem innerem Trost: Er sieht Christus über sich (vgl. BP 48). Die genaue Lektüre der Passage zeigt: Ignatius' innerer Friede und seine Gewaltfreiheit erklären sich am besten aus seiner Verbundenheit mit Jesus. In den Evangelien lässt sich Jesus vor der Passion aus Liebe zu den Menschen abführen. Wo Ignatius früher zum Dolch gegriffen hätte, erfährt er nun großen Trost: Er erahnt, so kann er Jesu Leben teilen und nachahmen.
Es gibt eine Reihe von Ereignissen auf Ignatius' wei-

terem Pilgerweg, die den früheren Waffenfreund ganz ähnlich zeigen: friedlich und friedfertig, da er sich mit Jesus von Nazareth verbunden weiß. Meist sind dies Begegnungen mit der spanischen Inquisition. Als er mit Hinterlist ins Gefängnis gelockt wurde, lehnte Ignatius Befreiungsinitiativen zuversichtlich ab: »Derjenige, um dessen Liebe willen ich hier hingekommen bin, wird mich auch wieder herausholen, wenn dies zu seinem Dienst ist« (BP 60). In Salamanca bemerkt Ignatius für viele überraschend, dass er aus Liebe zu Christus auch noch mehr Fußfesseln ertragen würde (BP 69); und als ihm seine geliebten seelsorgerlichen Gespräche verboten werden, akzeptiert er auch dieses Urteil erstaunlich ruhig (BP 70).
Bezeichnend ist, dass Ignatius in seiner Jesus-verbundenen Gewaltfreiheit nicht passiv wird. Er besteht auf offiziellen Urteilen und hält diese Urteile nur so weit ein, wie sie reichen. Im Umgang mit den »Verfolgungen« in Rom geht er in seinem Drängen auf ein offizielles abschließendes Urteil so weit, dass er sogar beim Papst vorstellig wird (BP 98). Dort ging es um Vorwürfe gegenüber dem Lebenswandel der ersten Gefährten. Ignatius kämpft für Transparenz und dafür, dass alle Vorwürfe und Streitsachen öffentlich und dauerhaft nachweisbar geklärt werden. Er kämpfte mit friedlichen juristischen Mitteln, aber dennoch mit aller Entschiedenheit und Konsequenz. Eine Bemerkung gegenüber Luis Gonçalves da Câmara zeigt, dass dies auch für seine inneren Kämpfe gelten dürfte: Als da Câmara 1553 in einem persönlichen Gespräch von seinen Versuchungen zur Ruhmsucht berichtete, erzählte Ignatius, wie heftig er mit diesem Laster zu kämpfen hatte, dass er diesbezüglich später allerdings »großen Frieden« fand.[10]

Ignatius' Verständnis vom Frieden

Friede und Verzicht auf Gewalt wurden Ignatius offenbar ein persönliches Anliegen. Deshalb liegt es nahe zu fragen, was er unter »Frieden« verstand. Hat Ignatius Frieden definiert? Ignatius verstand sich nicht als Philosoph. Er schrieb meist in seelsorgerlicher Hinsicht. Eine philosophische Klärung von Begriffen dürfen wir von Ignatius deshalb nicht erwarten. Dennoch finden sich einige differenzierte Überlegungen.

In einem Brief von 1540 schreibt Ignatius an die Gläubigen seiner Heimat in Loyola, wie sehr er hoffe, dass sie alle in Frieden miteinander lebten. In diesem Kontext wird deutlich, wie Ignatius den »inneren Frieden« versteht und ihn vom äußeren Frieden abgrenzt: Der innere Friede ist für ihn ein Friede in Gott. Ignatius zeigt sich ähnlich wie Augustinus und viele andere vom Evangelium und von Paulus her inspiriert. Er verlange, so schreibt er den Bewohnern von Loyola, dass ihre Seelen »in diesem Leben in allem ruhig und friedfertig im wahren Frieden unseres Herrn seien«, und fügt hinzu: »nicht in dem [Frieden], der von der Welt ist. Denn in der Welt machen viele Fürsten, große und kleine, Waffenstillstände und äußere Friedensverträge; und der innere Friede tritt niemals in die Seelen solcher ein, sondern Groll, Neid und schlechtes Verlangen gegen die gleichen, mit denen sie diese äußeren Friedensverträge geschlossen haben. Doch der Friede unseres Herrn, der innerlich ist, bringt alle anderen Gaben und für das Heil und ewige Leben notwendigen Gnaden mit sich. Denn dieser Friede lässt den Nächsten aus Liebe zu seinem Schöpfer und Herrn lieben; und wenn man so liebt, hält man alle Gebote des Gesetzes, wie der heilige Paulus sagt:

›Wer den Nächsten liebt, hat das Gesetz erfüllt.‹ Er hat das ganze Gesetz erfüllt, weil er seinen Schöpfer und Herrn liebt und seinen Nächsten in ihm.« (BU 38) Die Reihenfolge »seinen Schöpfer und Herrn lieben« und die Nächsten »in ihm« ist kein Zufall. Wer Frau, Mann, Kinder oder Eltern mehr lieben wollte als Gott, stünde im Widerspruch zum Evangelium. Für Ignatius ist klar: Eine dauerhaft friedvolle menschliche Liebe kann sich nur dort entwickeln, wo der Mensch Gott über alles liebt und seine Nächsten »in ihm«. Ignatius vertraut: Der Schöpfer liebt seine Geschöpfe mehr, als ein Mensch es könnte. Deshalb kann der gläubige Mensch Gott den Vorrang geben und in Gott als höchstem Gut den wahren Frieden finden. In einem Brief an Mitbrüder in Padua heißt es von jenen, die freiwillig Jesu Rat zu einem Leben in Armut annehmen: »Weil diese kein irdisches Ding haben noch lieben, das sie verlieren können, haben sie auf diesem Gebiet, das bei den Reichen voller Stürme ist, einen unerschütterlichen Frieden und eine höchste Ruhe« (BP 189).

Einsatz für Versöhnung

Die Aufmerksamkeit für den eigenen inneren Frieden führte bei Ignatius nicht zu einem Rückzug auf das Ich und dessen Wohlbefinden. Dies zeigt unter anderem seine Wertschätzung für den Dienst der Versöhnung zerstrittener Menschen. Ignatius bemühte sich sehr, wo möglich Frieden zu stiften, z.B. in der Stadt Cordoba (vgl. BU 615). Nach dem Zeugnis von Polanco, seinem Sekretär, schenkte Gott ihm des Öfteren eine besondere Gnade für Initiativen der Friedensstiftung und der Aussöhnung (BU 135). Ignatius dachte auch explizit darüber nach, wie man klug vorangehen könne, um zu vermitteln und Streit zu schlichten. An Paschase Broët und Alonso Salmerón, die in kirchlichen Fragen diplomatische Aufgaben erhalten hatten, schrieb er 1541: »In allen Unterredungen, vor allem, wenn man Frieden stiftet und in geistlichen Gesprächen, darauf achten und damit rechnen, dass alles, was geredet wird, an die Öffentlichkeit kommen kann oder wird« (BU 43). Und dem oben genannten Luis Gonçalves da Câmara riet er für eine Tätigkeit als »Kollateral« (Berater eines Oberen), er solle »wie ein Engel des Friedens und der Einheit« sein zwischen den einzelnen Jesuiten und ihren Oberen (BU 826). Das Anliegen der Versöhnung findet sich konsequenterweise auch im Gründungsdokument des Jesuitenordens. In der *Formula Instituti* von 1550 werden die für den neuen Orden prioritären Dienste aufgezählt. Nach den Diensten am Wort Gottes, den Exerzitien, dem Unterrichten einfacher Menschen, dem Beichthören etc. heißt es dort: genauso solle sich die Gesellschaft Jesu »zur Versöhnung von Zerstrittenen« einsetzen (GT 305). Frieden zu stiften zählt zu den leiblichen Werken der Barmherzigkeit und wird deshalb auch in den Ordenssatzungen genannt (Sa 650). Angesichts der Polarisierungen in unseren modernen Gesellschaften hat sich der Jesuitenorden dieses Anliegen heute verstärkt vorgenommen.[11] In Kolumbien konnten sich einige Mitbrüder wie z.B. Francisco de Roux SJ sehr fruchtbar für Frieden und Versöhnung einsetzen.

Kreuzzugsfrömmigkeit

Das Ablegen der Waffen und die Nachahmung des biblischen Jesus lassen bei Ignatius zeitweise stark pazifistische Züge erkennen. War Ignatius ein Beispiel christlicher Gewaltfreiheit, wie sie von Thomas Merton u.a. im 20. Jahrhundert eingefordert und praktiziert wurde? Eine nüchterne Darstellung der Biographie und der Theologie des Ignatius muss neben der beschriebenen Transformation seines Charakters auch aufzeigen, wo Ignatius politische Gewalt klar bejaht und sich darüber hinaus als Kind seiner Zeit zu erkennen gibt.

Der Gedanke der christlichen Kreuzzüge und die mit ihnen verbundene Kreuzzugsfrömmigkeit war im Spanien des 15. und 16. Jahrhunderts durchaus noch lebendig.[12] Denken wir an die innerkirchlichen Feldzüge gegen die Albigenser, an die Reconquista Spaniens oder an die mit den Kreuzzügen ideologisch durchaus verbundene Verteidigung Europas gegen die über den Balkan kommenden türkischen Heere. Ein Bruder des Ignatius starb bei einem Feldzug der Habsburger gegen die Türken in Ungarn, ein weiterer starb bei der Reconquista in Spanien.[13]

Der Gedanke an eine religiös motivierte Verteidigung des christlich-katholischen Abendlandes und der Pilgerstätten im Heiligen Land war prägend für das geistige Milieu Spaniens, in dem Ignatius aufwuchs. Viele Autoren machen für diese Zeit eine regelrechte »Kreuzzugsfrömmigkeit« aus. Welche spirituellen Merkmale lassen sich für diese Frömmigkeit anführen? Jede Aufzählung solcher Merkmale ist mit Vorsicht zu genießen, da viele der für die Kreuzzugsbewegung typischen Elemente der Frömmigkeit zum Allgemeingut christlicher Spiritualität gehörten. Das Spezifikum liegt oft in bestimmten Fokussierungen, nicht in speziellen frommen Übungen.

Wesentliche Frömmigkeitselemente, die für Teilnehmer an Kreuzzügen typisch waren, sind jedenfalls: die

Meinung, von Gott oder von Christus, dem Heeresführer oder König, gerufen zu sein; das Motiv, an Christi Werk mitwirken zu wollen – insbesondere bei der für ein Werk Christi gehaltenen Wiedergewinnung der irdischen Heimat des Erlösers; die Verehrung Jerusalems als Ort des Leidens und der Auferstehung Jesu; die Deutung der Strapazen und der erfahrenen Schmach als Anteilnahme an der Passion Jesu; die Mitgliedschaft in einem Orden wie dem Orden vom Heiligen Kreuz etc.[14]

Einige dieser Grundgedanken lassen sich auch bei Ignatius nachweisen: die Überzeugung, von Gott gerufen zu sein; der Wunsch, unter dem »Banner des Kreuzes« zu dienen; die Idee der Mitwirkung am Werk Jesu Christi; die Faszination für Jerusalem etc. Die Tatsache solcher Parallelen mag zunächst überraschen. Zu diskutieren wäre, wo die skizzierten Elemente der Frömmigkeit der Kreuzfahrer von der Botschaft Jesu abweichen, wo Frömmigkeit durch Machtpolitik überformt wurde und ob bzw. wo Ignatius in seiner eigenen Frömmigkeit die biblische Spur der Botschaft Jesu verlassen hat. In Kapitel IV werden wir auf einige zentrale Aspekte seiner geistlichen Übungen und insbesondere auf die sog. »Betrachtung der zwei Banner« näher eingehen.

Der Plan für eine Kriegsflotte

Für Ignatius bedeutete die Nachahmung des Lebens Jesu, die Waffen abzulegen und gemäß dem evangelischen Rat der Armut zu leben. Die ca. 6800 Briefe, die Ignatius nach seiner Bekehrung verfasst hat und die sein Briefkorpus zum größten Briefkorpus des 16. Jahrhunderts machen, geben von dieser Grundeinstellung ein beeindruckendes Zeugnis. Dennoch finden sich unter diesen Briefen auch einige wenige Briefe, die Ignatius eher als »Realpolitiker« denn als Friedensaktivist zu erkennen geben. Diese Briefe richteten sich an Juan de Vega, den damaligen Vizekönig von Sizilien, und seine Flotte bzw. an die Jesuiten, die mit ihnen in Kontakt standen.

Die in diesem Kontext einschlägigen Briefe[15] verfasste Ignatius 1552 als Generaloberer der Gesellschaft Jesu. Niedergeschrieben wurden sie von Ignatius' Sekretär Juan de Polanco. Ignatius beauftragt darin seinen Mitbruder, Hieronymus Nadal, an den Vizekönig von Sizilien heranzutreten und ihn zum Aufbau einer großen Kriegsflotte zu ermutigen, um türkische Eindringlinge besser abwehren zu können. Neben potentiellen Geldgebern nennt Ignatius neun »Vernunftgründe« (BU 418–420), die ihm zufolge für das Projekt sprechen. Die wichtigsten der genannten Gründe sind die »Ehre Gottes« und die Vereitelung der großen Schäden, die durch das wiederholte Eindringen der türkischen Flotten entstanden. Ignatius argumentiert für militärische Aufrüstung, um die Schiffe der europäischen Nationen und ihre Küstenstädte zu schützen. Auch der Gedanke der Abschreckung der türkischen Angreifer wird deutlich (BU 420).

Es wäre nicht fair, Ignatius eine kriegstreiberische Initiative zur Aufrüstung zu unterstellen: Er weist eigens darauf hin, dass die Existenz einer starken Flotte die Garnisonen überflüssig machen würde, die bis dato zur Verteidigung der Küstenstädte nötig sind (vgl. BU 419). Allerdings scheint gegen Ende der Liste von Vernunftgründen zugunsten einer solchen Flotte auch der Gedanke einer Reconquista ehemals christlicher Orte und Länder sowie der sicher nicht gewaltfreien Bekehrung der dortigen Bewohner auf (vgl. BU 421). Da die beiden Briefe mit der Überschrift »Der Friede Christi« überschrieben sind, wird man annehmen dürfen, dass Ignatius das Anliegen des Friedens nicht vergessen hat.

Wie ist seine Initiative zugunsten einer Kriegsflotte, einer Armada, einzuschätzen? Die Bewertung der Initiative hängt sicher auch von der Perspektive derer ab, die sie vornehmen. Festzuhalten ist, dass Ignatius trotz seiner inneren Ausrichtung auf den biblischen Jesus kein radikaler Pazifist geworden ist. Wenn es nur um ihn selbst geht, ist er sehr gewaltfrei. Wo auch andere betroffen sind, wo es sich um Fragen der Verteidigung eines Gemeinwesens handelt, bejaht er jedoch klar den Einsatz von Gewalt: Angesichts der politischen Situation der 1550er Jahre empfiehlt er eine klug und sparsam angelegte Aufrüstung und den Einsatz einer Armada zur Befriedung des Mittelmeers. In internationalen Fragen agiert er offenbar eher realpolitisch und keineswegs in pazifistischer Opposition zur Politik seiner Zeit. Uns scheint diese Positionierung sehr vernünftig und auch sehr gut mit dem Neuen Testament vereinbar. Ein anderes Thema wäre der leise aufscheinende Gedanke an eine Weiterführung der Reconquista, der sich in die Überlegungen des Ignatius ebenfalls hineinmischte. Dieser Gedanke muss kritisch hinterfragt werden: Hier handelt es sich nicht mehr nur um verteidigende Gewalt. Ignatius bleibt trotz großer Gnaden offenbar auch ein Kind seiner Zeit. Diese ernüchternde Einsicht sollte die Radikalität seiner biblischen Entdeckungen und seine grundsätzliche Neuausrichtung jedoch nicht übersehen lassen. Die geistlichen Wurzeln dieser Neuausrichtung gilt es nun näher anzusehen.

IV. Frieden mit Gott: die Exerzitien

Ignatius begann seinen neuen Lebensweg mit den Erfahrungen und Einsichten aus seiner Zeit am Hof des königlichen Schatzmeisters. Dort hatte er militärisch-körperliche Übungen wie das Fechten schätzen gelernt. Nach seiner Zeit auf dem Krankenlager in Loyola wandte er sich nun *geistlichen* Übungen zu. Auch anderen begann Ignatius bald solche Übungen zu geben. Seine Erfahrungen notierte er in einem kleinen Heft. So entstand aus seinen Beobachtungen das Konzept der dreißigtägigen »Exerzitien«. Die Unterteilung dieser Zeit in vier Wochen (oder Etappen) erklärt sich aus der geistigen Dynamik, die Ignatius für den inneren Weg der Übenden vor Augen hat. Die Vier-Zahl ist sekundär, fast zufällig. Am Anfang steht die Einsicht: sich in religiösen Dingen zu üben, kann zur Erneuerung des geistlichen Lebens sehr viel beitragen.

Wir möchten im Folgenden die genannte Dynamik der vier Wochen hinsichtlich des Friedens präsentieren: zunächst anhand der Übungen, die Ignatius selbst empfohlen hat, dann aber auch mithilfe weiterer Impulse und Ideen. Einige Hinweise für das eigene Beten und Meditieren inklusive einiger Übungen, die für die Suche nach dem inneren Frieden hilfreich sein können, finden sich am Ende des Buches (in Kap. VI.).

Ignatius setzt vor die Anleitungen der ersten Woche zwei wichtige Hinweise. Die Überschrift informiert: Es folgen Übungen zu dem Zweck, dass wir uns selbst überwinden und unser Leben ordnen (EB 21). Wer den persönlichen inneren Frieden vermisst, könnte bereits hier in sich gehen: Was verursacht die innere

Unruhe, was bestimmt mich so, dass ich hier und dort den Frieden verliere? Viele große Philosophen und Theologen der Geistesgeschichte lehren, dass es meist »ungeordnete Neigungen« und Anhänglichkeiten sind, die dazu führen, dass wir in bestimmten Situationen den inneren Frieden verlieren. Angesichts der Vergänglichkeit der Güter dieser Welt empfehlen sie die Haltung der Indifferenz. In diesem Sinne regt Ignatius dazu an, »Reichtum nicht mehr [zu lieben] als Armut, Ehre nicht mehr als Ehrlosigkeit, langes Leben nicht mehr als kurzes« (EB 23). Wer sich so frei macht von allen fixen Ideen und Zielen und alle Hoffnung auf Gott setzen und diesen als das höchste Gut betrachten kann, der wird leichter inneren Frieden finden und bewahren.

1. Woche: sich der eigenen Gewalt stellen

In der ersten Woche der Exerzitien legt Ignatius detaillierte Hinweise für die Gewissenserforschung und für verschiedene Besinnungen über die Sünden und die Hölle vor. Auf der Suche nach dem Frieden ist interessant, dass Ignatius für die Erforschung des Gewissens (EB 32-42) Gedanken, Worte und Werke prüfen lässt. Mit Blick auf den inneren und äußeren Frieden lohnt es, sich diese drei näher anzusehen. In der abendlichen Gewissenserforschung können wir mit Gewinn fragen: Welche Gedanken führten mich zu innerer Unzufriedenheit oder sogar zu unfriedlichem Verhalten? Welche Worte haben andere verletzt oder verleumdet? Welche Werke haben anderen, mir selbst oder der Sache Jesu geschadet? Ignatius schreibt: »Nichts sagen, was verleumdet oder ins Gerede bringt« (EB 41). Stattdessen sollten Christinnen und Christen eher bereit sein, die Aussagen der anderen zu retten, als sie zu verurteilen (EB 22). Nicht selten geht unser menschlicher Friede durch ungute Worte verloren. Um jeden Preis Harmonie und äußeren Frieden anzustreben, ist nicht zuträglich. Allerdings dürften rücksichtslose oder gar streitsüchtige Menschen kaum im inneren Frieden leben.

Ignatius' Rede von den Sünden mag in manchen Details der Theologie des 16. Jahrhunderts geschuldet sein. Sie ist jedoch nicht einfach überholt. Wer gewaltfrei und friedlich leben möchte, muss die eigene Verletztheit, die eigene Unversöhntheit und die eigene Neigung zur Gewalt nicht nur kennen, sondern annehmen und aktiv mit ihnen umgehen. Der gute Wille allein genügt in der Regel nicht, um friedfertig zu werden. Viele kennen dies: Man möchte friedlich bleiben, aber in einer kritischen Situation platzt einem dann doch der Kragen. Zu fragen ist deshalb, welche Übungen und Gebete uns helfen, uns mit allen Verwundungen, Schattenseiten und Bedürfnissen ins Licht der Liebe Gottes zu stellen. Dies hilft dazu, dass wir gut mit uns selbst umgehen lernen. Ein erster Schritt ist dieser: Auch das Gute sehen und gelten lassen, das da ist. Der erste Punkt der Gewissenserforschung bei Ignatius lautet: »Gott Unserem Herrn Dank sagen für die empfangenen Wohltaten« (EB 43). Im Rahmen der ersten Woche der Exerzitien empfehlen sich auch Übungen, die das Fundament des eigenen Lebens finden lassen. Hierzu könnte man die erste Schöpfungserzählung wählen (Gen 1,1–2,4). Sechs Mal heißt es dort: Gott sah, dass es gut war. Nach der Erschaffung des Menschen heißt es sogar: »Gott sah alles an, was er gemacht hatte: Und siehe, es war sehr gut« (Gen 1,31). Für eine entsprechende Übung könnte man sich an einen ruhigen und geschützten Platz in der Natur begeben, zunächst die einen umgebende Natur sehen, hören, riechen etc. und dann die genannte Kernaussage aus Gen 1 betrachten und auch auf sich selbst anwenden. Zum christlichen Glauben gehört die Überzeugung, dass Gott alles gut erschaffen hat. Wir dürfen meditieren: Er hat *mich* gut erschaffen, trotz all meiner Schattenseiten und Unzufriedenheiten. Er sieht auch mich an, sieht das Gute in mir und bestätigt: Siehe, sie ist/er ist sehr gut gelungen! Das verlässlichste Fundament unseres Lebens ist, dass wir aus dem Ja Gottes hervorgegangen sind. Mit diesem Ja im Rücken können wir uns auch unserer Gewalt mutig stellen. Wir können die Wunden ansehen, die wir anderen zugefügt haben, weil wir hoffen dürfen, dass Gottes Güte alle Wunden heilen kann.

2. Woche: dem sanften Christus folgen

Die zweite Woche (oder Etappe) der Exerzitien gliedert Ignatius mit zwei Übungen der Imagination, welche die Exerzitanten herausfordern, sich zu entscheiden. Dies sind die Betrachtung »Ruf des Königs« und die Besinnung über die »zwei Banner«. Die Bilder sind dem ritterlich-militärischen Kontext des 16. Jahrhunderts entnommen: Im Ausgang vom Ruf eines guten Königs sollen die Exerzitanten über Christus als König meditieren, der in seine Nachfolge ruft. Einige Aussagen erwecken den erwähnten Verdacht der Kreuzzugsfrömmigkeit. Ist die Spiritualität des Ignatius letztlich nicht doch von Bildern der Gewalt geprägt?

Die nähere Betrachtung zeigt: Im Gewand ritterlicher Bilder führt Ignatius zur Friedfertigkeit. Die genann-

ten Übungen öffnen einen Weg zum Frieden. Die Besinnung über die zwei Banner (EB 136-148) lässt dies sehr deutlich werden: Stellen wir uns zwei große Heerlager vor. Ein Lager befindet sich in der Nähe von Jerusalem. Der »oberste Befehlshaber« dieses Lagers ist Jesus Christus (EB 138). Das andere Lager befindet sich in der Nähe von Babylon. Dessen Befehlshaber ist Luzifer. Ignatius legt eine Betrachtung zur Entscheidung für Christus und den Kampf für das Gute vor. Man solle »um Erkenntnis des wahren Lebens [bitten], das der höchste und wahrhaftige Befehlshaber zeigt, und um die Gnade, Ihm nachzufolgen« (EB 139). Äußerlich ähneln die Themen jenen, die auch die spätmittelalterlichen Kreuzfahrer bewegt haben: der Glaube an eine persönliche Berufung durch Gott; der Wunsch, Christus, dem König, in dessen Heer zu dienen; die Nennung des irdischen Jerusalems etc. Innerlich führt Ignatius die Betenden in eine andere Richtung. Er lässt die persönliche Berufung suchen; die Übung kann für den Dienst an der Sache Jesu motivieren. Ignatius lässt deshalb gezielt *den Charakter Jesu* und seine »Sinnesrichtung« meditieren. Wer so betet, der entdeckt – über kurz oder lang – den sanften Jesus als vorbildlichen Herrn.
Ignatius beginnt mit einer Analyse des spirituellen Dramas der Menschheit:[16] Bereits die Rede Luzifers kann überraschen. Dessen Anhänger kämpfen nicht mit Schwert und Degen. Sie werfen Ketten und Netze aus, um »durch Begierde nach Reichtum« zu verführen und vom Reichtum zu eitler Ruhmsucht und zu Hochmut und Stolz (EB 142). Die ignatianischen Beterinnen und Beter werden nicht mit irdischen Königreichen konfrontiert. Es geht nicht um eine Eroberung Jerusalems (in der Betrachtung befindet sich das

Heerlager Jesu ja bereits in der Nähe dieser Stadt). Das Drama des Kampfes dreht sich stattdessen um die menschliche Seele. Diese wird von Luzifer durch die Versuchungen der Habsucht und des Stolzes bedrängt. Aus dieser Bedrängnis soll sie befreit werden.

Das Vorgehen Jesu erklärt sich als Antwort auf dieses Drama. Ignatius regt an, die Rede Christi zu erwägen, der »Seine Diener und Freunde« aussendet und sie bittet, den Menschen gegen die Versuchungen zu helfen: gegen die Habsucht mit Empfehlungen der Einfachheit und der freiwilligen Armut; gegen die Ruhmsucht durch die Bereitschaft, Verachtungen zu ertragen; gegen den Hochmut durch die Ermutigung zur Demut und zu allen Tugenden. Die Mitglieder des Heereslagers Jesu kämpfen nicht mit Waffen, ja nicht einmal mit Worten. Sie versuchen die Menschen zur freiwilligen Armut zu »bewegen« (EB 146). Im Kolloquium, dem abschließenden Gebet, wird deutlich: unter Jesu »Banner« zu kämpfen bedeutet nichts anderes, als den Lebensstil Jesu anzunehmen. Gewaltfreiheit und Friedfertigkeit, sie sind nicht nur das Ziel. Sie sind *auch der Weg*, den es in der Nachfolge Jesu zu gehen gilt.

Biblisch klingen hier die Seligpreisungen der Bergpredigt nach: »Selig, die arm sind im Geist, denn ihnen gehört das Himmelreich … Selig die Sanftmütigen, denn sie werden das Land erben« (Mt 5,3.5). Jüngerin, Jünger Jesu zu sein bedeutet, einfach und gewaltfrei zu leben und gerade so mit dem Himmelreich beschenkt zu werden. Willi Lambert hat darauf hingewiesen, dass Ignatius Jesus mehr und mehr als »sanften Herrn« erkannt hat.[17] Diese Erkenntnis möchte Ignatius auch denen ermöglichen, die sich auf die Exerzitien einlassen. In der zweiten Woche sind sie eingeladen, das Leben und das Auftreten Jesu zu betrachten. Dazu gehört für Ignatius, dass Jesus die Apostel »so sanft« berufen hat (EB 275). Jesu Sanftmut und sein Friede sind der tiefste Grund für die innere Bekehrung aller Christinnen und Christen. Für Ignatius gilt es, Jesus mehr und mehr nachzufolgen und seine Art zu handeln *nachzuahmen.*

Die Betrachtungstexte der zweiten Woche der Exerzitien werden gewöhnlich den Evangelien selbst entnommen. Es lohnt deshalb zu fragen, an welchen Stellen Jesus als Vorbild in Sanftmut und Friedfertigkeit betrachtet werden kann. Eine Empfehlung hierzu wäre Mt 11,29 oder auch Mt 21,1–11 (mit Sach 9,9). Am stärksten zeigt sich Jesu Haltung innerer Friedfertigkeit jedoch in der Geschichte seines Leidensweges, in der Passion.

3. Woche: Bereitschaft zum Leiden

Die dritte Etappe der Exerzitien ist dem letzten Abendmahl und v.a. der Passion gewidmet. Ignatius gibt viele Hinweise, wie die Beterinnen und Beter die Betrachtungen klug und fruchtbar halten können. Bei welchen Inhalten sich die Einzelnen angesprochen finden, bleibt weitestgehend offen. Ignatius' Anliegen ist es lediglich, dass sie den Weg Jesu innerlich mitgehen und sich auch emotional ansprechen lassen, dass sie Schmerz und Mitleid finden angesichts der Schmerzen, die er »für mich« auf sich genommen hat (EB 193).

Hinsichtlich Frieden und Gewaltfreiheit lohnen zumindest zwei Beobachtungen: Ignatius lässt erwägen, »wie sich die Gottheit verbirgt, nämlich wie sie ihre Feinde zerstören könnte und es nicht tut« (EB 196).

Diese Überlegung kann heute überraschen. Die Theologie der Gegenwart betont meist das Menschsein Jesu. War Jesus sich seiner göttlichen Macht bewusst? Vielen der heutigen Fachleute scheint dies fragwürdig. Wir sollten uns Jesus nicht wie einen der Comic-Superhelden des 20. Jahrhunderts vorstellen. Damit würde man auch der Anregung des Ignatius nicht gerecht: Ignatius sieht Jesus als einen, der auf eine zerstörerische Anwendung seiner Macht bewusst verzichtet. Obwohl er bedrängt wird und seine Bedränger vernichten könnte, schlägt Jesus nicht zurück. Jesus solidarisiert sich gewaltfrei mit all jenen, die sich *nicht* wehren können. Durch seinen Tod durchbricht er ihren Tod. Er durchschreitet alles Leiden und öffnet so allen die Tür zum Leben.

Ignatius zeichnet Jesus inmitten der Gewalt friedfertig und *gewaltfrei*. In seinen Hinweisen zur Geschichte von Malchus, dem Diener des Hohenpriesters, der Jesus festnehmen will (vgl. Mt 26,51–54; Joh 18,10f.), formuliert Ignatius bewusst: Petrus »verwundete einen Diener des Hohenpriesters, und der sanftmütige Herr sagt zu ihm: Stecke dein Schwert zurück an seinen Ort! Und er heilte die Wunde des Dieners« (EB 291). Jesus sieht den Diener als Mensch und nicht als Feind. Er sieht eher die Wunden der Menschen und nicht so sehr die Kollaboration mit den ungerechten Herrschern, die das Leben rauben.

Die Erzählungen vom Leiden Jesu zu betrachten, ist existentiell sehr herausfordernd. Wer könnte gelassen betrachten, wie Jesus – oder ein anderer Mensch – verraten, verspottet, geschlagen und getötet wird? Wer sich darauf einlässt und so auch in der Bedrängnis an der Seite Jesu bleibt, kann dennoch sehr viel Trost und Kraft finden. Zu sehen, wie Christus seinen Schächern vergibt, wie er Johannes seiner Mutter anvertraut etc., all dies kann für den eigenen Weg in der Nachfolge Jesu stärken. Auch Jesus hatte Angst und musste um Hilfe flehen. Dennoch ist er seinen Weg in Liebe und gewaltfrei gegangen. Sein Weg war nicht ein Weg der Schmerzvermeidung. Er scheute es nicht, auch dort für Gerechtigkeit einzutreten, wo es für ihn selbst gefährlich wurde. Durch Gottes Auferweckung ist er so zum Friedensfürst geworden. Der Tod hat nicht das letzte Wort. Der Karfreitag führt zum Sonntag der Auferstehung.

Wer in seinem Alltag zu sehr an den eigenen Ideen und Projekten hängt und spürt, dass er manches schmerzhaft loslassen sollte, könnte auf Christus blicken und betend sprechen: »Herr, Du hast für uns und auch für mich Dein Leben aufgegeben. So will auch ich meine kleinen Ideen und Projekte loslassen.« Wer sich von anderen herabgesetzt erlebt und weiß, dass er an dieser Situation momentan nichts ändern kann, könnte Jesu Umgang mit Verachtung und Herabsetzung betrachten und beten: »Jesus, Du hast für mich Verachtung und Herabsetzung getragen. Ich will alles tun, um meine Situation zum Besseren zu wenden. Wo ich die Situation ertragen muss, wie sie ist, will ich um deinetwillen auf Hass, Herabsetzung der anderen und auf Gewalt verzichten. Gib Du die Kraft dazu. Amen.«

4. Woche: Frieden als Ziel und als Weg

In den Evangelien stoßen die Frauen und Männer zunächst auf das leere Grab. Dann erscheint Jesus zuerst Maria Magdalena, dann mehr und mehr den Jüngern. Zeigt sich nicht auch hier die Sanftheit Jesu? Der Auferstandene hat es nicht eilig. Er drängt sich nicht auf.

Er wählt nicht den Aufmerksamkeit heischenden Überraschungseffekt. Behutsam, friedvoll und mit Rücksicht auf das Unverständnis und die Bedürfnisse der Jüngerinnen und Jünger gibt er sich zu erkennen. Ignatius geht in seinen Erläuterungen zu den Meditationen direkt auf die Auferstehung ein. Er lässt erwägen, »wie die Gottheit, die sich im Leiden zu verbergen schien, nun so wunderbar in der heiligsten Auferstehung durch deren … Wirkungen erscheint und sich zeigt« (EB 223). Es lohnt, mit diesem Hinweis z.B. Joh 20,19–23 zu betrachten. Dort heißt es über die erste Erscheinung Jesu vor den Jüngern: »Am Abend dieses ersten Tages der Woche, als die Jünger aus Furcht vor den Juden bei verschlossenen Türen beisammen waren, kam Jesus, trat in ihre Mitte und sagte zu ihnen: Friede sei mit euch! Nach diesen Worten zeigte er ihnen seine Hände und seine Seite. Da freuten sich die Jünger, als sie den Herrn sahen. Jesus sagte noch einmal zu ihnen: Friede sei mit euch! Wie mich der Vater gesandt hat, so sende ich euch.« (Joh 20,19–21)

Wir haben Jesu Friedenswunsch bereits als Geste der Versöhnung gedeutet (siehe Kap. II). Dass Jesus das »Friede sei mit euch!« wörtlich wiederholt, lässt aufhorchen. Hier kann es nicht mehr darum gehen, die Jünger zu beruhigen. Sie freuten sich bereits, die Angst war bereits überwunden. Mit Ignatius' Hinweisen bietet sich eine andere, tiefergehende Deutung an: Der zweimalige Friedenswunsch gibt etwas von der Wirklichkeit des Auferstandenen zu erkennen. Jesus ist selbst im Frieden angekommen und möchte diesen weitergeben.[18] Mehr noch: Im Friedenszuspruch zeigt Jesus seine Göttlichkeit. Mit Ignatius können wir betrachten: Der Friede ist nicht nur eine Gabe des Auferstandenen. In seiner Göttlichkeit *ist* Jesus Friede. Er möchte, dass wir in ihm, in seinem Frieden leben und uns in diesem Frieden von ihm senden lassen. Friede ist nicht nur ein Ziel, das wir erstreben sollen. Gott selbst kommt *als Friede* auf uns zu. In ihm liegt die Kraft für den Weg und alle Aufgaben, zu denen sich die Gläubigen senden lassen.

Der »ungläubige« Thomas kann den Bericht der anderen nicht annehmen. Deshalb erscheint Jesus eine Woche später noch einmal, als er bei ihnen ist (Joh 20,24-29). Hier zeigt der Auferstandene seine Wunden: Die Wundmale Jesu sind nicht einfach verschwunden – und dennoch ist Jesus im Frieden und sagt diesen zu. In der vierten Woche der Exerzitien können die Exerzitanten betrachten und erahnen: Auch unsere Wunden können verwandelt werden. Ihre Spuren müssen nicht verschwinden, sodass wir endlich Heil erfahren. Es gibt Heil-Sein, Versöhnung und Frieden, auch wenn die Verletzungen nicht rückgängig zu machen sind. Eventuell kann es hilfreich sein, für eine entsprechende Betrachtung ein Gemälde der christlichen Malerei heranzuziehen. Ein Gemälde, das sich dafür gut eignen könnte, wäre »Der ungläubige Thomas« von Duccio di Buoninsegna.[19] Der QR-Code ermöglicht Ihnen, das Gemälde auf einem Tablet oder Smartphone zu betrachten.

Für eine Spiritualität der christlichen Gewaltlosigkeit ist es von einiger Bedeutung, dass Ignatius die vierte Woche nicht einfach in den Begegnungen mit dem Auferstandenen enden lässt. Ignatius lässt »bis zur Himmelfahrt einschließlich« (EB 226) betrachten und ergänzt eine abschließende Betrachtung zur »Erlangung der Liebe«. Dadurch erschließt er eine Perspektive der Hoffnung auf die Zukunft und auf das Kommen des Reiches Gottes. Nach dem Zeugnis der großen Protagonisten der christlichen Gewaltlosigkeit liegt hier eine wertvolle Quelle geistlicher Kraft. Thomas Merton hebt hervor: »Die Sanftmut und Demut, die Christus in der Bergpredigt preist und die die Grundlage der christlichen Gewaltlosigkeit sind, können nicht getrennt werden von der eschatologischen Hoffnung der Christen, die … jeden Menschen, in der Perspektive des kommenden Reiches, als Bruder betrachtet, wer immer er auch sein möge.«[20]

Wo das christliche Zeugnis der Gewaltlosigkeit gelingt, ist es sicherlich auch eine Frucht von Gebet und geistlichen Übungen. Dennoch ist es nicht einfach Ergebnis menschlichen Tuns. Nach Merton erhält es seine Hoffnung aus der Verheißung Jesu. Die Botschaft Jesu ist ermutigend. Bei Lukas predigt Jesus: »Fürchte dich nicht, du kleine Herde, denn es hat eurem Vater gefallen, euch das Reich zu geben« (Lk 12, 32). Merton hält angesichts dieser Verheißung fest, dass die christliche Gewaltlosigkeit deshalb mit Vertrauen und Geduld verbunden sein wird: »So ist die Demut christlicher Gewaltlosigkeit zugleich geduldig und frei von Berechnung. Der Hauptunterschied zwischen Gewaltlosigkeit und Gewalt liegt darin, dass letztere ganz auf eigener Berechnung beruht. Die erstere beruht ganz auf Gott und auf Gottes Wort.«[21]

Die vierte Woche der Exerzitien eröffnet einen Zugang zur Quelle dieser Hoffnung. Wahrhaft christliche Gewaltlosigkeit dient nicht der Durchsetzung der eigenen Interessen, sondern dem Kommen von Gottes Friedensreich für alle Menschen (inkl. der Aggressoren!). Der Friede des Auferstandenen ist ein Friede für alle. Er übersieht nicht das Erfordernis der Gerechtigkeit. Dennoch sind alle eingeladen, umzukehren und in diesen Frieden einzugehen. Die Seligpreisung der »Sanftmütigen« steht nicht für Menschen, die von Natur aus ein »ruhiges Temperament« empfangen haben. Sie spricht vielmehr von jenen, die trotz aller Ungerechtigkeit und Gewalt von der Hoffnung auf das Reich Gottes getragen sind und deshalb sanftmütig und gewaltfrei leben.[22]

V. Dialog über Frieden und Pazifismus

Der Friede der ignatianischen Spiritualität ist nicht unpolitisch. Die Biographie des Ignatius ließ dies deutlich werden. Auch bei den Exerzitien zeigte sich mehrfach: Die Nachfolge Jesu hat sich in der *realen* Welt zu bewähren. Vor diesem Hintergrund soll es im Folgenden auch um politische Aspekte des Friedens gehen. Wir laden ein, einem Dialog zu folgen. Der Dialog ermöglicht es, mehrere Perspektiven zu erschließen.

Wir beginnen mit einigen Kurzporträts von Jesuiten, die sich auf beeindruckende Weise gegen bestimmte Formen von Gewalt oder explizit für politischen Frieden einsetzten. Natürlich ließen sich aus der Geschichte des Jesuitenordens sehr unterschiedliche und auch andere Stimmen präsentieren. Zu den irritierenden Beispielen dürfte sicher Gustav Gundlach SJ (1892–1963) gehören, der Papst Pius XII. beraten hat und unter Umständen sogar einen atomaren Krieg ethisch für erlaubt hielt – eine Extremposition der 1950er Jahre, aus der Zeit des Kalten Krieges, die kaum verteidigt werden kann. Andere nonkonformistische Mitbrüder engagierten sich vehement *gegen* Atomwaffen und atomare Aufrüstung, z.B. Daniel Berrigan SJ, auf den wir in Kürze näher eingehen. Die Auswahl der porträtierten Jesuiten verfolgt nicht das Ziel eines repräsentativen Überblicks aller von Jesuiten vertretenen Positionen. Wir wollen Persönlichkeiten vorstellen, die auch heute inspirieren können: einige Jesuiten, die sich in ihrem Einsatz gegen Gewalt von der Bibel und den Exerzitien haben formen lassen.

Nach den Kurzporträts soll es um den Pazifismus, um

die Lehre vom »gerechten Krieg« und um aktuelle Themen wie Israel und die Ukraine gehen. Bei den allgemeinen Fragen der Friedensethik wollen wir gegensätzliche Perspektiven aufzeigen und die Argumente und Gegen-Argumente möglichst stark machen.

Jesuiten für Gewaltfreiheit und Frieden

Stefan

Ein erster sehr früher Mitbruder, der mir im Sinne der Gewaltfreiheit einfällt, ist Friedrich Spee (1591-1635). Der Name »Friedrich« ließe sich als *Fried-reich* oder *-mächtig* übersetzen, was beim genannten Mitbruder auch sehr passend ist: Friedrich Spee setzte sich sehr engagiert und wirksam gegen die Gewalt gegenüber vermeintlichen Hexen ein: Zu Beginn des 17. Jahrhunderts glaubten breite Schichten der deutschen Bevölkerung, dass viele Plagen der Zeit durch teuflische Umtriebe von Hexen verursacht würden. Hexenprozesse und Hexenverbrennungen waren deshalb weit verbreitet. Verdächtig erscheinende Frauen wurden schnell verleumdet, viele wurden angeklagt, nicht wenige als Hexen verbrannt. Friedrich Spee lernte die unheilvolle Dynamik des Hexenglaubens und der -prozesse in der Seelsorge kennen. Um ihnen entgegenzuwirken, schrieb er die später berühmt gewordene »Cautio criminalis« (1631), eine Schrift gegen den Hexenwahn. Seine Erfahrung war: »Gar viele werden unschuldig gefoltert, gereckt, geschraubt, mit grausamen, unmenschlichen Martern gequält. Vor unerträglicher Pein müssen sie gegen sich und andere bekennen, woran sie nie auch nur gedacht haben.«[23] Durch manche seiner Lieder ist Friedrich Spee auch heute noch vielen bekannt: von ihm stammen u.a. »O Heiland, reiß die Himmel auf« (GL 231) und »Zu Betlehem geboren« (GL 239).

Georg

Ein wenig später als Friedrich Spee SJ wirkte der portugiesisch-stämmige, doch ab dem 6. Lebensjahr in Brasilien aufgewachsene António Vieira. Ihn hat das außergewöhnliche Leid und Unrecht bewegt, das den *Indios* und den aus Afrika verschleppten *Sklaven* dort angetan wurde. Als begabter Prediger wagte er, die von solcher Ausbeutung profitierenden Kolonialisten und Händler zu konfrontieren. Seine Ansprachen waren teils frech-provokativ, vor allem aber geistlich und rhetorisch hochstehend. Seine reiche Erfahrung ließ ihn zum Vertrauten von D. João, dem König von Portugal, werden, für den er in den Jahren 1642–1652 diplomatisch tätig war. Doch die Gegenseite vermochte 1661 die Inquisition auf ihn anzusetzen und ihn in seiner Wirksamkeit stark einzuschränken. Erst der Freispruch von Papst Clemens X. im Jahr 1675 verschuf ihm Recht; so konnte er sich weiter für die Ärmsten einsetzen, was er bis an sein Lebensende machte. Das furchtlose und geistvolle *Eintreten für Gerechtigkeit* hat P. Vieira viel Feindschaft gebracht, doch im Rückblick der Geschichte erscheint er als strahlender, früher Kämpfer für die Freiheit aller Menschen und gegen das Ausnützen der Schwächsten in der damaligen »Neuen Welt«.

Stefan

Ich finde António Vieira SJ auch sehr beeindruckend. Für mich war es v.a. eine Romanbiografie, die mir Vieira näherbrachte. Zudem sind einige seiner immer noch lesenswerten Predigten vor kurzem neu auf Deutsch erschienen.[24] Vieira wirkte in Süd- und Mittelamerika. Wenn wir nach Nordamerika blicken, so muss ich an John LaFarge SJ (1880–1963) denken, einen Mitbruder, der sich sehr stark gegen die Gewalt des US-amerikanischen Rassismus engagierte. Mit anderen war John LaFarge in den 1920er Jahren bei der Etablierung mehrerer Organisationen zur Unterstützung farbiger Katholikinnen und Katholiken engagiert. In den 1930er Jahren arbeitete er an einer päpstlichen Enzyklika gegen Rassismus und totalitaristische Ideologien, die aufgrund des Todes von Pius XI. im Februar 1939 leider nicht mehr verkündet wurde. Neben wissenschaftlichen Beiträgen schrieb er auch einen *Science Fiction*-Roman über eine Reise zum Mars. LaFarge war literarisch sehr begabt und nicht nur an Griechisch und Latein interessiert.

Wusstest du eigentlich, dass LaFarge 1901 (vor seinem Ordenseintritt) mit Berufungsfragen nach Innsbruck zog, um dort Theologie zu studieren? Er absolvierte sein Theologiestudium an der Universität Innsbruck, ließ sich 1905 in Innsbruck zum Priester weihen und trat noch im selben Jahr in den Jesuitenorden ein. Zurück in den USA unterrichtete er in den folgenden Jahren an einigen Gymnasien und Hochschulen. Da er seit seiner Jugend gesundheitlich angeschlagen war und die Lehrtätigkeit nicht fortführen konnte, widmete er sich ab 1911 vermehrt pastoralen Aufgaben, v.a. in afroamerikanischen Gemeinden, wo er die bitteren Auswirkungen des Rassismus der Weißen kennenlernte. In den USA ist er heute noch bekannt für sein Engagement für die afroamerikanische Bevölkerung, v.a. im Bereich der Bildung (er gründete auch eine Schule) und für bessere Lebensbedingungen.

Im Alter von über 80 Jahren nahm John LaFarge 1963 am »Marsch auf Washington« teil, um mit der Bürgerrechtsbewegung gegen Rassendiskriminierung aufzustehen. Als Martin Luther King zu Füßen des Lincoln Memorial seine berühmte Rede »I have a dream« hielt, stand John LaFarge hinter King – eine Geste, mit der die Bürgerrechtsbewegung ihn für sein frühes Engagement zugunsten der afroamerikanischen Bevölkerung ehren wollte.[25] Der Einsatz gegen die Gewalt des Rassismus machte LaFarge zu einem Zeugen der jesuanischen Gewaltfreiheit. LaFarge engagierte sich aber auch für internationalen Frieden: Zwischenzeitlich war LaFarge Vorstandsmitglied der amerikanischen *Catholic Association for International Peace*, die auf der Basis der Lehre vom gerechten Krieg für internationalen Frieden eintrat und in den 1960er Jahren gegen die Bombardierungen in Vietnam opponierte.[26]

Georg

LaFarge habe ich erst durch dich kennengelernt, danke! Ähnlich unbekannt dürfte vielen sein, wie sehr eine Reihe von Mitbrüdern in deutschen Ländern in den Verfolgungen des NS-Regimes mutig und geschickt aufgetreten ist. Manche ihrer Namen sind zwar vertraut, doch was sie konkret unter äußerst schwierigen Umständen geleistet haben, zeigt ein bewusstes Bemühen für einen umfassenden Frieden, trotz der damit verbundenen eigenen Gefährdung.

P. Rupert Mayer SJ (geb. 1876) hatte sich im ersten Weltkrieg freiwillig als Militärseelsorger gemeldet. Am 30.12.1916 wurde er so schwer verwundet, dass ein Bein amputiert werden musste. Für seinen Einsatz an der Front wurde er mehrfach ausgezeichnet. Ebenso tapfer trat er in seinen Ansprachen auf, vor allem in St.

Michael und der Bürgersaalkirche in München. Er hielt sich nicht an das »Kanzelverbot«, das jegliche Verweise auf gesellschaftliche Situationen untersagte. Offen wies er auf Gefahren hin und prangerte Unrecht an. Deswegen geriet er 1937 ins Visier der Gestapo, wurde verwarnt, verhaftet und schließlich 1940 mit Klosterarrest bei den Benediktinern in Ettal »kaltgestellt«, indem ihm jegliches öffentliche Wirken untersagt wurde. Der »Zeuge der Wahrheit« und »Apostel Münchens« starb am 1.11.1945 und wurde am 3.5.1987 seliggesprochen.

Sein Provinzial war *P. Augustin Rösch SJ* (geb. 1893). Dieser diente im Ersten Weltkrieg als Offizier an der französischen Front und erwarb sich dort mehrere Ehrungen. Ohne auf sich selbst zu achten, setzte er sich in seiner Rolle als Provinzoberer (ab August 1935) für seine Mitbrüder und die unter den NS-Angriffen leidende Kirche ein. Zuerst waren es Auflösungen von Häusern, Verhaftungen, Verhöre, ab 1939 Enteignungen, Verurteilungen, 1940/41 dann der Klostersturm sowie die Entlassung der Jesuiten aus der Wehrmacht wegen »Wehrunwürdigkeit«, als Vorstufe zu ihrer ab 1942 angedachten Ausmerzung, wie sie schon mit den Juden im Gange war.

Angesichts dieser zunehmenden Bedrohungen reagierte P. Rösch *überlegt und entschieden*. Zusammen mit Dominikanern gründete er im August 1941 den »Ausschuss für Ordensangelegenheiten«, der Anliegen aller Orden, aber auch der gesamten Kirche gegen das NS-Regime vertrat und ihre Umsetzung plante. Er ging an die Öffentlichkeit und konnte so die für Juli 1943 beschlossene Auflösung der Klöster in Elsass-Lothringen verhindern. Er entsandte P. Lothar König SJ und P. Alfred Delp SJ in den »Kreisauer Kreis« und wollte

Letzteren nach dessen Verhaftung freibekommen, wozu er selbst am 31.7.1944 zur Gestapo ging und damit seine eigene Gefangennahme riskierte.[27]

Auf dem Hintergrund der schwankenden Haltung der deutschen Bischöfe in jener Zeit und ihrer Zerstrittenheit erscheint Röschs Vorgehen als ein sehr couragiertes, die Lage korrekt einschätzendes Einsetzen von *geistigen »Waffen«*. Es ist umso höher zu werten, als der Gegner übermächtig war, vielfach heimlich vorging und sich nicht an Recht hielt. Mit der Enttarnung des Kreisauer Kreises und Delps Verhaftung waren auch Rösch und König nicht mehr sicher. Sie mussten im August 1944 untertauchen; Rösch fand Unterschlupf bei Familie Meier in Schwindkirchen, wurde aber von einem geistlichen Mitbruder für Geld verraten und am 11.1.1945 verhaftet. Ihn erwartete das Todesurteil, vor dem ihn das Anrücken der Russen bewahrte. Er starb 1961.

Kaum bekannt ist *P. Lothar König SJ* (geb. 1906). Wie in der Vorstellung von P. Rösch sichtbar geworden, spielte er eine wichtige Verbindungsrolle und steht so als ein Beispiel für die vielen, die unbeachtet im Hintergrund treu besondere Aufgaben erfüllten. Trotz einer schweren Krebserkrankung nahm er den gefährlichen Dienst auf sich, die Kontakte mit den genannten Widerstandsgruppen aufrechtzuerhalten. Dazu musste er sich auch verkleiden, Decknamen verwenden, taktisch vorgehen – es grenzt an ein Wunder, dass er trotz mehrfacher Verhöre und zuletzt der Suche durch die Gestapo überlebt hat; er ist Ende des Jahres 1946 gestorben.

Am berühmtesten wurde *P. Alfred Delp SJ* (geb. 1907), vor allem durch seine Texte aus dem Gefängnis. Diese Dokumente zeugen von einer Wachheit, die ganz klar und von Gott her die Vorgänge wahrnimmt. Delp war dorthin gekommen wegen seiner Beteiligung am »Kreisauer Kreis«, doch hatte er schon 1941 Lehrverbot bekommen und war in den Jahren darauf mehrmals verhaftet worden. Nach dem Stauffenberg-Attentat rieten ihm Rösch und König, sich zu verstecken; dies befolgte er aber nur kurz und wurde prompt am 28.7.1944 endgültig in Haft genommen, am 11.1. 1945 zum Tod verurteilt und am 2.2.1945 hingerichtet.

Die vier erwähnten Mitbrüder zeigen, auf wie vielfältige Weise in einer äußerst schwierigen Zeit *dem wahren Frieden zu dienen* ist. Es ist einmal das aufrüttelnde, klare Wort der Predigt, getragen von einer zutiefst sozialen Gesinnung. Dann findet sich das weitblickende, auch strategische Vorgehen des Provinzials, der dabei angewiesen ist auf die Hilfe eines Kuriers und Mittelsmannes. Schließlich gibt es die intellektuelle Auseinandersetzung mit der NS-Ideologie und den Versuch, dagegen eine menschlichere Gemeinschaft zu konzipieren. Bei allen ist der Einsatz gewaltfrei und getragen von einer lebendigen Gottesbeziehung.

Stefan

Ja, es ist wirklich beeindruckend, wie mutig sich diese Mitbrüder engagiert haben. Ende der 1930er Jahre konnten sie sich ja nie sicher sein, dass nicht doch ein Spitzel zuhört. Du selbst bist in die vormalige österreichische Provinz des Ordens eingetreten. Gab es denn in Österreich ähnlich engagierte Mitbrüder?

Georg

Auf deine Frage darf ich andere in Österreich tätige Mitbrüder erwähnen, die ebenfalls in der NS-Zeit als

Märtyrer gestorben sind. Zu ihnen zählt *P. Alois Grimm SJ* (1886–1944), der viele Jahre an der Stella Matutina in Feldkirch wirkte und wegen seiner klaren Aussagen zum Gegensatz zwischen christlichem Glauben und Nationalsozialismus enthauptet wurde. Wie ihm wurde dem aus Südtirol stammenden *P. Johann Steinmayr SJ* (1890–1944) diese deutliche Position, die er in einem Gespräch mit einem sich als Konvertit ausgebenden Spitzel geäußert hatte, zum Verhängnis, mit demselben Schicksal. Der ebenfalls aus Südtirol stammende *P. Johann Schwingshackl SJ* (1887–1945) äußerte auch öffentlich Kritik am NS-Regime, erhielt deshalb das Todesurteil, starb jedoch vor dessen Vollstreckung im Gefängnis.

Diese drei Mitbrüder bezeugen wie P. Delp SJ, dass ein *»fauler Friede«*, der zu massivem Unrecht schweigt und Verdrehungen der Wahrheit toleriert, eine nicht aufhörende Quelle von weiteren schweren Verletzungen und zerstörerischen Entwicklungen ist. Dagegen sind sie aufgestanden, und für diese Überzeugung haben sie ihr Leben gegeben.

Stefan

Danke, Georg! Das Wort vom »faulen Frieden« scheint mir wirklich hilfreich. Würden wir einfach nur nach Friedensaktivismus suchen, so kämen wir vermutlich nicht auf die Namen von Spee, Vieira, Rösch oder Schwingshackl. Selbst Alfred Delp fiele da nicht direkt in den Blick. Trotzdem haben sich diese Mitbrüder – wie viele andere Frauen und Männer – von Jesus inspirieren lassen und gewaltfrei gegen Ungerechtigkeit und faulen Frieden engagiert. Jesuanisches Engagement für Frieden ist auf vielfältige Weise möglich. Wie viel wertvolles Engagement für Frieden gibt es im Verborgenen? In den Familien, in Pfarreien und kulturellen Begegnungszentren usw. Friede beginnt oft im Kleinen. Grimm, Steinmayr und Schwingshackl stehen vielleicht gerade dafür: Sie haben an ihren Orten ihre Möglichkeiten gut erkannt und mutig wahrgenommen. So können sie als Vorbild gelten, auch für heute.

Ein Beispiel für einen sehr sichtbaren expliziten Friedensaktivismus ist der amerikanische Jesuit Daniel Berrigan SJ (1921–2016). Pazifistische Friedensbewegungen gab es in den USA seit Beginn des 20. Jahrhunderts. Allerdings blieben diese Gruppen nicht selten ohne größere politische Bedeutung. Daniel Berrigan SJ war einer jener aktivistisch Engagierten, die sehr wirksam gegen den Vietnamkrieg und die atomare Aufrüstung auftraten und die amerikanische Friedensbewegung der 1960er und 1970er Jahre zu einem nennenswerten Faktor für die amerikanische Politik machten. Zusammen mit seinem Bruder Philip Berrigan und einigen anderen begann Daniel 1968 mit Aktionen gewaltfreien Widerstands gegen den Krieg im Vietnam zu protestieren. Am 17. Mai 1968 drang er als einer von neun Aktivistinnen und Aktivisten in ein Einberufungsbüro der US-Regierung in Catonsville (Maryland) ein. Dort entwendete die Gruppe, zu der auch zwei Frauen (eine verheiratet, eine Ordensfrau) gehörten, Einberufungsbefehle für den Krieg in Vietnam und verbrannte sie öffentlich vor dem Gebäude. »Unsere Verteidigung für die Verletzung der Ordnung ist das Verbrennen von Papier anstelle des Verbrennens von Kindern durch Napalm«, argumentierte Berrigan später.[28] Daniel Berrigan wurde in der Folge zu drei Jahren Haft verurteilt. Allerdings floh er rechtzeitig, um im Untergrund und bei vereinzelten Veranstaltungen weiterzuwirken. Erst nach einigen Monaten konnte ihn das FBI inhaftieren.

Im September 1980 drang Daniel Berrigan zusammen mit seinem Bruder Philip und mit sechs weiteren Aktivistinnen und Aktivisten einer »Pflugscharbewegung« in eine Atomwaffenfabrik in Pennsylvania ein, wo sie Sprengkopfhülsen mit Hämmern beschädigten und ihr eigenes zuvor abgenommenes Blut über einige Baupläne vergossen und Friedensgebete verrichteten. Die Gruppe blieb vor Ort, bis sie verhaftet wurde. Nach zehn Jahren gerichtlicher Verhandlungen mit immer neuen Einsprüchen führte ihr symbolischer, aber sicher nicht ganz gewaltfreier Protest zu einer Verurteilung zu knapp zwei Jahren Gefängnis, die zu dieser Zeit allerdings schon in Untersuchungshaft abgesessen waren. Der Name »Pflugscharbewegung« war natürlich dem Alten Testament (Mi 4,1–4 und Jes 2,4) entnommen. In Jes 2,4 spricht der Prophet Jesaja in einer Vision vom endzeitlichen Frieden: »Dann schmieden sie Pflugscharen aus ihren Schwertern und Winzermesser aus ihren Lanzen. Man zieht nicht mehr das Schwert, Volk gegen Volk, und übt nicht mehr für den Krieg.« Von dieser Hoffnung waren die Brüder Berrigan und ihre MitstreiterInnen getragen.

Es ist bezeichnend, dass Daniel Berrigan nicht als Einzelner agierte. Er vernetzte sich mit Gleichgesinnten. Sein Bruder Philip Berrigan (ein Diözesanpriester) war für die Gruppe von 1969 sogar noch wichtiger als Daniel. Was die Gruppe teilte, war die Inspiration durch die Bibel und insbesondere das Evangelium. In seinen Texten spricht Daniel Berrigan explizit von Bildern des Gottesknechts, von der Sanftmut Jesu und der Nachfolge der ersten Jünger. »Solche Bilder helfen uns, unser Leben zu formen. … Wir wurden nackt ausgezogen mit dem Einen, der nackt war. Der Schweiß der vergewaltigten Menschheit stand uns auf der Stirne. Die Zukunft – welche Zukunft Menschen auch immer fordern mögen – war in unsere Hand gegeben. Das ist mein Bekenntnis. Die Bilder haben uns geformt, haben uns zusammengeführt, haben uns gefordert. Wir wurden eins mit dem schmerzensreichen, geschlagenen, dem leidenden Gottesknecht – ein altes und ehrwürdiges Bild, der menschliche Sinn des Menschen.«[29] Trotz aller Anfeindungen verstand Berrigan seine Friedensarbeit als »Leben in der Auferstehung«. Die Auferstehung galt ihm als die erste gewaltfreie Revolution.[30]

Es dürfte kaum überraschen, dass Daniel Berrigan bei vielen Gläubigen und auch im Jesuitenorden sehr viel Widerspruch erfuhr. Durch seine Vorwürfe gegenüber dem gesetzten Christentum und sein exklusives Sendungsbewusstsein musste er polarisieren. Unter Verweis auf den »entwaffneten Gott« Jesus Christus wies Berrigan die klassische Lehre vom »gerechten Krieg« vehement zurück. Weltliche Strukturen wie Regierungen galten ihm als dreckiges, verrottetes System, das in gewaltfreier Mystik abzulehnen sei. Der hierfür nötige Protest sollte prophetisch, aber nicht »gelassen« sein. Allzu spirituelle Ideen, wonach man zuerst den eigenen Seelenfrieden suchen und erringen solle, lehnte er entschieden ab: »Das Leben ist eine Achterbahn, und man sollte sich besser gut anschnallen und die Fahrt mitmachen. Dieser Fokus auf Gelassenheit ist in Wirklichkeit eine engstirnige, egoistische Herangehensweise an die Realität, gekleidet in die Sprache der Spiritualität.«[31] Berrigan war biblisch inspiriert, und manchmal vielleicht auch unnötig ein unangenehmer Zeitgenosse.

Georg
Die biblische Inspiration der Berrigan-Brüder lässt sich kaum bezweifeln. Heutigen Friedensaktivisten wie z.B. dem ehemaligen Jesuiten John Dear gilt Daniel Berrigan deswegen nicht nur als Lehrer, Dichter und Friedensaktivist, sondern auch als Prophet, ein Sprecher für Gott.

Stefan
Ja, genau! Das Engagement der Berrigans beeindruckt mich immer wieder. Ihr Ziel war eine Welt ohne Krieg, eine Kultur der Gewaltfreiheit und der Gerechtigkeit. Allerdings habe ich doch den Eindruck, dass die Berrigans – ähnlich wie manch andere linke Friedensgruppen – das Kind mit dem Bade ausschütten. Eine solide Friedensethik braucht auch Kriterien dafür, wann die Anwendung von Waffen legitim und nötig ist. Sicher kann man den Menschen in der Ukraine nicht Unmoral vorwerfen, nur weil sie sich gegen Putins Angriffskrieg verteidigen.
Was meinst du, verlangt die Bibel, verlangt Jesus Pazifismus? Die Frage liegt angesichts des Engagements der Berrigans ja auf der Hand.

Verlangt Jesus Pazifismus?

Georg
Die Bibel einfach als »pazifistisch« zu bezeichnen, verbietet sich angesichts des Befundes oben im zweiten Kapitel. Aber sie legt vielfach klar ein friedfertiges Vorgehen nahe und zeigt auf, dass Gottes Ziel und seine Wünsche an die Menschen *insgesamt auf Frieden und Heil* ausgerichtet sind.
Betrachtet man das Leben Jesu, fällt ein *Kontrast* ins

Auge. In seinem Verhalten ist er nahezu durchgehend *friedliebend*. Die einzige Ausnahme scheint die sogenannte »Tempelreinigung« (Mk 11,15–16 mit Parallelen) zu sein. Dabei wendet Jesus Gewalt gegen Objekte an; er wirft die Tische der Geldwechsler und die Sitze der Taubenverkäufer um. Sein Vorgehen richtet sich nicht direkt gegen Menschen, sondern gegen deren Missbrauch des Tempels als eines Ortes, Handel zu treiben und Gewinn zu machen. Er untersagt auch Jakobus und Johannes, Gewalt gegen ein Dorf der Samariter einzusetzen (Lk 9,54–55).

Anders ist es mit Jesu Reden. Darin ist er *kämpferisch*, oft auch konfrontierend. Schon die ersten Aktionen (Mk 2,1–3,6) zeigen, wie er wiederholt mit seinen Fragen und Antworten die Dialogpartner herausfordert. Dies gilt auch für die »Jerusalemer Streitgespräche« (Mk 11,27–12,34) knapp vor seinem Tod. Gegen Hochmut, Blindheit, Falschheit und andere Fehlhaltungen geht Jesus beständig und konsequent an (vgl. zudem Mk 8,11–13). Schriftgelehrte und Pharisäer bezeichnet er als »Heuchler«, »blinde Führer«, »Schlangen« und »Otternbrut« (Mt 23,13.16.33).

Dies gilt auch *seinen Jüngern* gegenüber. Jesus tadelt Petrus (Mk 8,33), ein »ungläubiges Geschlecht« (Mk 9,19) und die Zwölf (Mk 9,33–35; 10,39–45). Dies lässt erkennen, dass Jesus nicht einfach ein passiver Pazifist ist, sondern dass ihm Wahrheit und stimmige Beziehungen mehr bedeuten als ein oberflächlicher »Friede« (vgl. dazu oben im zweiten Kapitel, bes. S. 32 und 35).

Zwei Texte vermögen dies zu verdeutlichen. In der Bergpredigt findet sich die Aufforderung: »Wenn einer dich auf die rechte Wange schlägt, dem halte auch die andere hin!« (Mt 5,39). Im Verhör durch den Hohepriester versetzt einer von dessen Dienern Jesus einen Backenstreich; Jesus reagiert darauf, indem er diesen mit Fragen zur Rede stellt (Joh 18,22–23). Er folgt damit dem Beispiel des Gottesknechts in Jesaja, der seine Wangen nicht vor Misshandlung und sein Gesicht nicht vor Schmähung verbirgt (Jes 50,6). Diese konkrete »Ausführung« lässt den Sinn der Anweisung von Mt 5 erkennen: Es geht darum, nicht mit denselben Mitteln zurückzuschlagen, sondern die Gewalt gleichsam »ins Leere laufen zu lassen« und, wo möglich, wie in Joh 18 den Anlass des erlittenen Unrechts zu klären. Jesus hat selber viel Gewalt erlitten, von Seiten der Führer seines Volkes und der römischen Besatzungsmacht. Er hat dennoch bewusst und entschieden an seinem Weg des Leidens festgehalten (vgl. die Ankündigungen dazu in Mk 8,31; 9,31; 10,33–34). Jesus ging es um mehr, als nur »friedlich« zu sein. Er sah seine Sendung viel weiter, nämlich umfassend allen Heilung zu bringen, für Wahrheit und Gerechtigkeit einzutreten.

Stefan

Jesu Aufforderung zu möglichst gewaltfreiem Handeln und sein Beispiel wurden in der Geschichte natürlich unterschiedlich ausgelegt. Neben der wörtlichen Auslegung, die sich v.a. bei kleinen christlichen Gemeinschaften (wie z.B. den Quäkern) findet, entwickelte sich seit Augustinus auch eine abschwächende Lesart, die sich in den großen Kirchen durchsetzte.[32] Nach dieser Lesart kann es Situationen geben, in denen ein bewaffnetes Eingreifen zur Verteidigung moralisch erlaubt oder sogar geboten ist. Die Kriterien für eine solche Verteidigung finden wir in der erwähnten *Lehre vom gerechten Krieg (lat. bellum iustum)*. Friedensaktivisten wie die Berrigans lehnen diese Lehre ab. Im deutschen Sprachraum hatte sie insgesamt einen schweren Stand. Nach den Verbrechen des Nationalsozialismus betonten viele deutsche Intellektuelle: Nie wieder Krieg!

Die Berechtigung dieser Kritik wird niemand in Frage stellen. Ich halte Ablehnung der *Bellum-iustum*-Lehre dennoch für fragwürdig und einseitig. Oft ist dieses negative Urteil mit sehr viel Unwissenheit verbunden. Viele lassen sich vom Namen irreführen und meinen, hier solle ein ganzer Krieg für »gerecht« erklärt werden. Eine solche Ansicht wäre natürlich falsch und gefährlich. Anders als es auf den ersten Blick scheinen mag, ist das Ziel der *Bellum-iustum*-Lehre allerdings keineswegs, ganze Kriege für gerecht zu erklären. Eine bessere Übersetzung wäre Lehre von der »gerechtfertigten Gewalt«. Die Lehre formuliert Kriterien, die klären helfen, wann eine militärische Verteidigung ethisch gerechtfertigt werden kann. Hier sind die klassischen Kriterien:[33]

1. Causa iusta: Es muss einen die Gewalt rechtfertigenden Grund geben. Autoren wie Thomas von Aquin argumentieren, dass es nur darum gehen könne, ein Unrecht zu ahnden. Heute würden viele Ethikerinnen und Ethiker an die Verhinderung umfangreicher Menschenrechtsverletzungen denken: Wenn in einem Staat ethnische Säuberungen drohen, dann ist die Weltgemeinschaft aufgerufen zu handeln. In Extremfällen wären militärische Interventionen mit UN-Mandat ethisch gerechtfertigt und vielleicht sogar notwendig. 1994 kam es in Ruanda zu einem Völkermord an der ethnischen Minderheit der Tutsi. Diesen hätte die UNO durch ein robustes Mandat und einen bewaffneten Einsatz stoppen müssen.

2. Intentio recta: Hier ist die rechte Absicht gemeint. Die Intention bzw. Absicht muss aufrichtig sein: Es darf nicht um Rache gehen. Vielmehr muss es darum gehen, das Gute zu mehren und Frieden zu schaffen. Augustinus schreibt: »Die Sucht zu schaden, die Grausamkeit des Rachedurstes, ein unversöhnter und unversöhnlicher Geist, die Wildheit des Gegenschlags, die Gier nach Macht … das alles wird in der Kriegsführung mit Recht als Schuld erklärt.«[34]
3. Auctoritas: Krieg ist Sache der rechtmäßigen staatlichen Autorität. Privatpersonen dürfen grundsätzlich keinen Krieg ausrufen. Nur der Fürst bzw. diejenigen, die für die öffentliche Ordnung und das Gemeinwohl verantwortlich sind, dürfen so entscheiden. Heute wäre zu ergänzen: Angriffskriege werden seit 1928 völkerrechtlich geächtet. Die UNO entscheidet darüber, ob ein Krieg legitimerweise als Verteidigungskrieg gelten kann oder nicht.

Georg
Das klingt einleuchtend. Kann aber die Lehre vom gerechten Krieg nicht auch missbraucht werden?

Stefan
Klar, die Missbräuchlichkeit der Lehre gilt sogar als einer der stärksten Einwände gegen sie. Auch Papst Franziskus weist in *Fratelli Tutti* darauf hin.[35] Die Lehre vom gerechten Krieg ist nicht unproblematisch. Sie kann von Kriegstreibern zur Legitimierung ihres Krieges herangezogen werden. Putin behauptet, für seine »Spezialoperation« einen gerechten Grund zu haben: Er will nur die legitimen Interessen Russlands verteidigen. Solche Versuche eines Missbrauchs kann man aber aufdecken. Putin kann nachgewiesen wer-

den, dass er einen brutalen Angriffskrieg führt, der weder auf die ukrainische Zivilbevölkerung noch auf die eigenen Soldaten Rücksicht nimmt. Selbstverständlich verurteilen auch die Konventionen des humanitären Völkerrechts und die UN-Charta, die Russland unterzeichnet hat, jeden Angriffskrieg. Es gibt ein Recht der Staaten auf Selbstverteidigung. Das gilt selbstverständlich auch für die Ukraine. Grundsätzlich liegt das Gewaltmonopol allerdings bei der UNO. Putins Krieg ist völkerrechtswidrig und ethisch völlig illegitim.

Das Kriterium der *rechten Intention* erweist sich insofern als eine Schwäche, als Intentionen immer sehr subjektiv sind und von außen kaum übergeprüft werden können. Kriegstreiber behaupten dann einfach, sie hätten nicht die Absicht, der Zivilbevölkerung zu schaden, stattdessen würden sie lediglich beabsichtigen, ihr Land zu verteidigen.

Beim Kriterium der *rechtmäßigen Autorität* wird es noch schwieriger: So, wie dieses Kriterium über Jahrhunderte tradiert wurde, konnte es dazu führen, dass die Entscheidungen kriegstreiberischer Regierungen völlig unkritisch hingenommen wurden. Dies war auch für die katholischen Bischöfe zur Zeit des Nationalsozialismus ein äußerst folgenreicher Stolperstein. Jenen, die den Kriegsdienst verweigerten (wie z.B. Franz Jägerstätter) sagten die Bischöfe, dass es nicht Sache der einzelnen Bürger sei, über die Rechtmäßigkeit des Krieges zu entscheiden. Heute betonen wir zu Recht, dass die Regierungen von der Zivilgesellschaft kontrolliert und hinterfragt werden müssen. Zudem gibt es ein Recht auf Kriegsdienstverweigerung aus Gewissensgründen.

Ich bin bereit zuzugestehen: Die Kriterien der *Bellum-iustum*-Lehre müssen weiterentwickelt werden. Tat-

sächlich hat eine von der UNO beauftragte Kommission im Jahr 2001 genau dies auch getan.[36] Unabhängig von den jeweiligen Einzelfragen scheint es mir allerdings wichtig, dass wir in den deutschsprachigen Ländern für eine ethische Reflexion über militärische Gewalt sprachfähig werden. Man kann die Kriterien der *Bellum-iustum*-Lehre hinterfragen, ergänzen und auch ändern. In der Friedensethik werden seit Jahren viele weitere Aspekte und Kriterien benannt. An der Notwendigkeit von Kriterien kommen wir meines Erachtens nicht vorbei. Wer an Kriegsparteien wie die Ukraine Waffen liefert, muss Kriterien benennen können. Natürlich ist es richtig und wichtig, die Ukraine zu unterstützen. Wir sollten diese Fragen allerdings anhand nachvollziehbarer *Kriterien* diskutieren. Individuelle Intuitionen darüber, ob ein (Verteidigungs-)Krieg ethisch legitim ist, reichen sicher nicht.
Ukrainische Soldatinnen und Soldaten wenden berechtigterweise Waffengewalt an, wenn sie ihr Land und sich selbst gegen russische Angreifer verteidigen. Gerade ein solches Urteil ermöglichen die Kriterien der sog. Lehre vom gerechten Krieg. Geschichtlich wurden diese Kriterien auch von vielen Jesuiten vorgelegt und kommentiert. Die Lehre hat in den Katechismus der Weltkirche Eingang gefunden. Papst Franziskus ist etwas zurückhaltender. Aber ich denke, wir tun gut daran, diese Lehre weiterzutradieren.

Georg
Die Beispiele der Ukraine und Israels lassen mich an das lateinische Sprichwort »Si vis pacem, para bellum!« denken (»Wenn du Frieden willst, bereite dich auf Krieg vor!«), als realistische Vorsichtsmaßnahme angesichts feindseliger Nachbarnationen. Auf der anderen

Seite kann dies, wie heute zu beobachten, zu einem Wettstreit bei der Aufrüstung führen, weil es sich großteils um Angriffs- und nicht um Verteidigungswaffen handelt. Gegen eine solche Spirale in den Bedrohungspotentialen bedarf es gemeinsamer Bemühungen um Einschränkungen und einer neuen Friedensbewegung. Auch Jesu Wort »Alle, die das Schwert nehmen, kommen durch das Schwert um« (Mt 26,52) warnt vor dem Vertrauen auf Waffen und deren Gebrauch.

Stefan

Ja, da kann ich gerne zustimmen. Für eine christliche Friedensethik ist die *Bellum-iustum*-Lehre auch dann ungenügend, wenn wir Gewalt nur als *ultima Ratio* betrachten und zuerst diplomatische Bemühungen einfordern. Jesus hat in der Bergpredigt nicht Kriterien für Gewalt geboten, sondern diejenigen seliggepriesen, die auf Gewalt verzichten und stattdessen Frieden stiften. Vielleicht stellen die radikale Gewaltlosigkeit und die abschwächende Interpretation der Gewaltlosigkeit im Sinne des Augustinus (dass man legitim verteidigen darf) für eine Gemeinschaft von Gläubigen wie die Kirche gar kein absolutes Entweder-Oder dar? Ich denke, wir sollten Jesu Worte im Gebet meditieren und uns persönlich in sie vertiefen. Manche Christinnen und Christen werden sich nach dem Lesen, Meditieren und Beten zu einer verantwortungsbewussten Realpolitik ermutigt sehen, die vor humanitären Interventionen und wohl überlegten Waffenlieferungen nicht zurückschreckt. Andere werden sich nach dem Lesen derselben Stellen des Evangeliums zu einem radikalen Verzicht auf Gewalt herausgefordert sehen und Politikerinnen und Politiker ermahnen, dass Waffen keine Lösung sind. Warum sollte es nicht möglich sein, dass *beide* Gruppen wirklich christlich handeln? Wenn die Realpolitik ehrlich und klug den Frieden sucht und die pazifistische Kritik den Völkern (Ukraine, Israel etc.) nicht verbietet, sich und andere zu verteidigen, dann scheinen beide Gruppen christlich gerechtfertigt. Gerade in ihrer Spannung könnten beide wichtig sein für gute Politik. Da manche der christlichen Friedensgruppen wie *Pax Christi* an Kraft und v.a. an Mitgliedern verloren haben, kann man nur hoffen, dass es auch in Zukunft Jüngerinnen und Jünger Jesu gibt, die einer allzu sorglosen Politik ins Gewissen reden und stets neu gewaltfreie Wege suchen. Ich hoffe sehr, dass wir angesichts der weltweiten Aufrüstung bald eine neue Friedensbewegung sehen. Bei allem Realismus: Können wir als gläubige Menschen einfach nur zusehen, wenn Abrüstungsverträge gekündigt werden und weltweit die Militärausgaben in die Höhe schießen? Abschreckung ist angesichts mächtiger Despoten leider notwendig. Sie ist jedoch bestenfalls ein Teil der Lösung.

Hoffnung für Israel und die Ukraine

Georg

Seit dem 7. Oktober 2023 ist unsere Welt noch einmal anders geworden. Damals, an einem Sabbat, noch dazu dem letzten Tag des Laubhüttenfestes, geschah in Israel nahe dem Gaza-Streifen Unvorstellbares. Die bestialische Brutalität unzähligen unschuldigen, hilflosen Menschen gegenüber kam für viele unerwartet. Und doch war etwas zu erwarten gewesen. Bei dem lange aufgestauten Hass, der Spirale von Gewalt, Unrecht und Unterdrückung, der Verweigerung von Gespräch und Verhandlungen von beiden Seiten erstaunt es nicht, dass es zu grausamer Gewalt kam. Der seit Jahren anhaltende provozierende Raketenbeschuss aus dem Gaza-Streifen und die harten Reaktionen Israels erscheinen im Rückblick wie eine Art »Vorgeplänkel« zu diesem fürchterlichen Ausbruch.

Stefan
Auch die Vorgeschichte des Konflikts ist sehr komplex. Sie reicht nicht nur in die späten 1940er Jahre, als das Land in zwei Staaten aufgeteilt werden sollte, sondern bis ins 19. Jahrhundert zurück.

Georg
Ja, auf beiden Seiten berufen sich Konfliktparteien auf die Geschichte und wollen damit ihre Position rechtfertigen. Mir scheint: Dieser schreckliche Konflikt zeigt *wie in einem Brennpunkt* die Probleme auf, die mit der Suche nach Frieden verbunden sind. An ihm wird u.a. deutlich, wie wichtig es ist, die Ursachen und Wurzeln anzusehen und anzugehen. Solange eine Partei der Gegenseite das Lebensrecht abspricht und deren Vernichtung zum erklärten Ziel hat, sind alle Verhandlungen und Bemühungen um Deeskalation nur »Kosmetik«. Der Versuch, mit Waffen eine »Lösung« herbeizuführen, führt zum Sterben von vielen Unschuldigen und zu großem Leid auf beiden Seiten. Wie so oft nehmen mächtige Entscheidungsträger – hier diejenigen der Hamas – bewusst den Tod der eigenen Bevölkerung in Kauf. Ziel ist nicht deren Wohlergehen, sondern die Erhaltung der eigenen Macht und Durchsetzung der eigenen Interessen.
Es gibt *Voraussetzungen* für Frieden, die derzeit leider schwer zu erreichen sind. Dazu gehören wechselseiti-

ger Respekt, Akzeptanz, Gerechtigkeit, Wahrheit, Toleranz, Geduld, Vertrauen, Freiheit, Mut, echtes Streben nach Versöhnung und die Bereitschaft, Verletzungen nachzusehen. Wo nicht ehrlich nach einem gedeihlichen Miteinander gestrebt wird, kommt es zu widersprüchlichem und irrationalem Verhalten. Auf der einen Seite fügt man dem Gegner möglichst viel Schaden zu, auf der anderen beschwert man sich, wenn es auf einen selber zurückfällt.

Stefan
Die Hamas nimmt keine Rücksicht auf Zivilisten.

Georg
Die Auswertung der Daten und gerichtsmedizinische Untersuchungen belegen, dass es am 7. Oktober systematische Vergewaltigungen, sadistisches Quälen, bei manchen bis zum Tod, und Umbringen von Hunderten Wehrlosen gab, derart grausam, dass ich es gar nicht näher beschreiben will. Angesichts solcher barbarischen Akte würde man bei gesundem menschlichen Empfinden deren Verurteilung erwarten. Doch in manchen Kreisen war das Gegenteil der Fall: Es gab Schadenfreude und Hohn, z.B. von Seiten des Iran und vieler Araber, Loben dieser Verbrechen und Applaus dafür, teils sogar weltweit bei Sympathisanten, Freude und Jubel. *Solche Reaktionen sind pervers*, weil sie Böses als »gut« ansehen und damit grundlegende Werte des Menschseins verkehren (vgl. Jes 5,20: »Weh denen, die das Böse ›gut‹ nennen!«). Hier werden einem gedeihlichen Zusammenleben alle Grundlagen entzogen. Dabei tritt allerdings *ein tieferer Konflikt* ans Licht, der heute die Welt spaltet und viele gegeneinander vorgehen lässt. Zählen Werte wie Leben, Freiheit, Ach-

tung vor anderen, Gerechtigkeit, oder geht es um Ideologie, Bereicherung, andere beherrschen wollen, die eigene Macht durchzusetzen?
In der Entscheidung darüber kommt den *Religionen und ihren »Heiligen Schriften«*, genauer deren Deutung, eine Schlüsselrolle zu. Die Bibel weist insgesamt eine Dynamik zu Respekt und Versöhnung auf. Im Koran gibt es Aufforderungen, Ungläubige zu konvertieren oder zu unterjochen; man darf sie auch betrügen. Gerade angesichts solcher Unterschiede verschärft sich die Frage, wie derart anders »gepolte« Gruppen friedlich miteinander zusammenleben können. Was zählen Abmachungen, wenn eine Seite sich nicht an Vereinbarungen gebunden fühlen muss? Hier wird deutlich, wie schwierig und langwierig der Weg in eine friedliche Zukunft für Gaza und Israel sein wird.

Stefan

Die Hamas ist eine perfide Terrororganisation. Das lässt sich nicht bezweifeln. Aufgrund ihrer militärischen Unterlegenheit wählen die Terroristen die Methoden der asymmetrischen Kriegsführung: Sie nutzen unschuldige palästinensische Zivilisten, Frauen und sogar Kinder als menschliche Schutzschilde. Das ist schockierend: Man erhöht gezielt die potentiellen Opfer aufseiten der eigenen Bevölkerung, um israelische Angriffe international schwerer erträglich zu machen. Letztlich instrumentalisiert die Hamas das Völkerrecht. Diese Methoden zeigen, dass den Vertretern der Hamas der Kampf gegen Israel wichtiger ist als das Wohl der eigenen Kinder.
Trotzdem kann ich manche Frustration und Wut auf palästinensischer Seite auch verstehen. Wie muss es sich anfühlen, im Gaza-Streifen beheimatet zu sein,

immer eingepfercht, ständig unter Kontrolle, und das auf engstem Raum? Die Palästinenserinnen und Palästinenser im Gaza-Streifen sind nicht einfach nur Opfer, aber sie haben über Jahre sehr viel mitgemacht. Und das israelische Bombardement und die Situation der Zivilbevölkerung während des Krieges gegen die Hamas haben die Situation noch verschlimmert.

Angesichts der Eskalation von Hass und Gewalt scheint es heute keine realistischen Lösungen mehr zu geben. Jede Initiative zum Dialog, zu einem Neuanfang von Beziehungen und zu Gewaltfreiheit ist wertvoll. Gott sei Dank gibt es solche Initiativen, beispielsweise das 1970 begonnene Friedensdorf Wahat al Salam (der arabische Name) bzw. Newe Schalom (so der hebräische Name), in dem in Israel Juden und Araber friedlich zusammenleben. Zu nennen ist auch der Einsatz von Sumaya Farhat-Nasir, einer christlichen Palästinenserin, die sich sehr für Frieden in Palästina engagiert.[37] Vielleicht gelingt es noch mehr palästinensischen Christinnen und Christen, friedenstiftend tätig zu werden.

Erfreulicherweise gibt es auf muslimischer Seite Autoren wie den Islamwissenschaftler Abdel-Hakim Ourghi aus Freiburg, die zu ehrlicher Erinnerungsarbeit aufrufen und eine Aufklärung der anti-judaistischen Motive des Koran verlangen.[38] Ourghi sieht in der Selbstkritik des Islam keinen Angriff auf seine eigene Religion. Eine solche Selbstkritik scheint heute umso wichtiger: Der ursprünglich ethnisch-politische Konflikt in Palästina wurde seit einigen Jahren religiös aufgeladen. Daran haben sowohl die Hamas als auch die radikalen jüdischen Siedler ihren Anteil.

Georg
In der Ukraine fällt die völkerrechtliche und die ethische Beurteilung des Krieges viel einfacher als in Israel.

Stefan
Ja, das ist auffallend. Israel hat selbstverständlich ein Recht, sich selbst zu verteidigen. Allerdings gibt es in der Ethik militärischer Gewalt das Prinzip der Verhältnismäßigkeit. Ob der israelische Krieg in Gaza diesem Kriterium gerecht wird, ist für viele Beobachter äußerst fraglich. Ist es verhältnismäßig, wenn 1,9 Millionen Menschen nicht mehr wissen, wohin sie vor den Bombardements fliehen können? Wenn es am Nötigsten zu ihrer Versorgung fehlt? Es ist zu befürchten, dass das israelische Vorgehen im Gaza-Krieg den Hass nur vergrößert. Trotzdem ist die Zerstörung der Kommandozentrale der Hamas natürlich ein legitimes Ziel Israels. Hier zeigt sich: Trotz guter ethischer Konzepte ist die Situation in Gaza schwer zu beurteilen. Klar ist nur: Rache und Vergeltung sind nach der klassischen *Bellum-iustum*-Lehre unmoralisch. Die Rhetorik mancher israelischer Politiker ist insofern hochproblematisch.
In der Ukraine haben wir es mit einem ethisch und völkerrechtlich klar zu verurteilenden Angriffskrieg Russlands auf ein freies Nachbarland zu tun. Im Hintergrund stehen hegemoniale Interessen, die von russischen Ideologen wie Alexander Dugin (*1962) und z.B. auch von der von Putin gegründeten Stiftung »Russki Mir« verbreitet werden. Nach dieser Ideologie käme Russland unter den postsowjetischen Staaten eine kulturelle und politische Führungsrolle zu. Der Ukraine wird auf dieser Grundlage das Recht auf

Selbstbestimmung abgesprochen. Bei einem Sieg Russlands in der Ukraine ist zu befürchten, dass weitere ostslawische Staaten, die sich an westlichen Demokratien orientieren wollen, bedroht oder gar angegriffen werden.

Georg

Der Angriff auf die Ukraine ist eine *Anfrage an die ganze Menschheit*: Darf sie tolerieren, dass Stärkere sich mit Gewalt gegen Unschuldige durchsetzen? Hat die Menschheit nicht die Verpflichtung, alles zu unternehmen, Letztere zu schützen und ihnen zum Recht zu verhelfen?

Stefan

Der Blick in die Ukraine zeigt sicher: Ein radikaler Pazifismus wäre angesichts der Realitäten unserer Welt moralisch unverantwortlich. Schlagworte wie »Nie wieder Krieg« sind gut gemeint. Sie reichen jedoch nicht. Wir müssen im deutschen Kontext neu sprachfähig werden, wenn es um die ethische Beurteilung von militärischen Konflikten geht. Deshalb sollten wir die klassischen Kriterien für eine gerechtfertigte Selbstverteidigung, wie sie in der *Bellum-iustum*-Lehre tradiert wurden, nicht so arrogant verwerfen, wie das bisher oft geschah.
Die Situation in Israel zeigt aber auch, dass ethisch gerechtfertigte Selbstverteidigung nicht genügt. Ohne zivilgesellschaftliche Initiativen zum Abbau von Ideologien, zum Dialog und für Gewaltfreiheit dürfte es nicht gehen. In Deutschland gab es kleine Initiativen wie z.B. deeskalierende Treffen zwischen Vertretern jüdischer und muslimischer Gemeinden. Mit Blick auf Russland hoffe ich sehr, dass Papst Franziskus und

vernünftige orthodoxe Bischöfe zugunsten des Friedens auf den russischen Patriarchen Kyrill I. einwirken.

Georg
Ich bin überzeugt, dass massives Unrecht und Böses *in sich den Keim der Zerstörung tragen* – die Frage ist nur, wie lange dies dauert und wie viele dabei leiden müssen. Die Zahl der Soldatenmütter in Russland, deren Söhne im Krieg gefallen sind, wächst, und manche wagen, die offizielle Politik in Frage zu stellen. Das lässt hoffen.

Stefan
Hoffnung ist ein wichtiges Stichwort! Was gibt uns angesichts der Kriege Hoffnung? Ich denke, es braucht eine gewisse psychische Hygiene. Wir sollten nicht jede Schreckensnachricht konsumieren. Wir dürfen den Blick auch auf die wertvollen kleinen Initiativen richten. Der letzte Grund meiner Hoffnung ist allerdings das Wort Gottes. Die Zusage Gottes steht ja unabhängig von allen politischen Entwicklungen. Eine junge Frau, die ich sehr schätze, hat mir neulich ein paar Socken mit der Aufschrift »walk by faith« (hinten auf der linken Socke), »not by sight« (hinten auf der rechten Socke) geschenkt. Das heißt: »geh im Glauben«, »nicht im Schauen«. Hier wird die Theologie des Paulus aufgegriffen (2 Kor 5,7; Röm 8,24), die wir Katholiken neu entdecken könnten: Christsein heißt, aus dem Glauben zu leben. Der Grund der christlichen Hoffnung ist sehr solide, weil es hier nicht um Wahrscheinlichkeiten und menschliche Berechnungen (nicht um das »Schauen«) geht. Wir dürfen mit großem Herzen hoffen, dass Gott trotz allem alles wenden wird. Im

Glauben erahnen wir: Das Böse, der Hass, sie haben nicht das letzte Wort.

Georg

Und das Beten mit der Bibel ist ein guter Weg, diese Hoffnung zu vertiefen. Apropos letztes Wort: Ich denke, wir sollten abschließend einige konkrete Übungen und Gebete skizzieren, die uns helfen können, selbst inneren Frieden zu finden und in friedensförderlichen Haltungen zu wachsen. Auch der politische Friede beginnt im Kleinen. Angesichts des spirituellen Reichtums der Christenheit wäre es schade, wenn wir beim Reflektieren stehenblieben. Auch die Wende des Ignatius vollzog sich nicht durch Nachdenken, sondern durch Gebet und geistliche Übungen.

VI. Was konkret dem Frieden dient

Es wäre ein Missverständnis zu meinen, dass es der christlichen Spiritualität primär um die Beruhigung der eigenen Seele geht. Zu lieben erfordert oft, aus der Komfortzone herauszugehen. Können wir angesichts der Not der Welt die Augen verschließen und so einen privaten Frieden suchen? Gläubige Menschen werden nicht zuerst den inneren Frieden suchen, wenn sie eine Not sehen, auf die sie meinen, antworten zu müssen. Jesus predigte: »Sucht zuerst das Reich Gottes« (Mt 6,32), nicht »Sucht zuerst euren Frieden«. Daniel Berrigan betonte ganz zu Recht, eine Fokussierung auf Gelassenheit und inneren Frieden kann egoistisch sein.[39] Die Kritik ist berechtigt. Dennoch haben die Ausführungen dieses Buches vielfach gezeigt, dass die Suche nach dem eigenen inneren Frieden ein wertvolles und auch genuin christliches Anliegen ist. Recht besehen ist der innere Friede sogar der entscheidende Weg, das zu bewirken, was wirklich gut ist. Wie könnten wir ohne Frieden Gerechtigkeit, Versöhnung, Umkehr und Wachstum erreichen?

Der Friede ist eine »Frucht des Geistes« (Gal 5,22). Wir sollten aufmerksam und selbstkritisch werden, wenn sich in einem Engagement, das uns die Komfortzone verlassen ließ, auf Dauer kein innerer Friede oder gar innere Unruhe einstellen. »Friede in unserem Schöpfer und Herrn« (vgl. EB 316) wäre für Ignatius von Loyola ein Zeichen der Bestätigung dafür, dass wir dem guten Geist gefolgt sind. Bei der gegenteiligen Erfahrung von innerer Unruhe würde Ignatius anraten, die letzten Entscheidungen und die Zielrichtung des eigenen Handelns ehrlich zu überdenken.

Schließlich führt uns, wenn wir nicht von Sünde zu Sünde fortschreiten, Gottes Geist eher im Trost und im Frieden.

Zugleich ist der innere Friede heute vielfachen Herausforderungen ausgesetzt. Unruhe und Unfrieden können von negativen Haltungen wie Ungeduld oder Gier herrühren. Wir wollen deshalb jene Haltungen benennen, die der Suche nach Frieden zuträglich sind. Im Anschluss daran skizzieren wir einige Übungen, die helfen können, in diesen Haltungen zu wachsen.

Haltungen, die vor Unfrieden bewahren

Oft gibt es äußere Anlässe, die dazu führen, dass wir den inneren Frieden verlieren: die dritte rote Ampel; eine Demütigung; der Verlust von Menschen oder Dingen, die uns sehr am Herzen liegen; negative Entwicklungen in Staat und Kirche etc. Für sich genommen könnten uns diese Geschehnisse, so bedauerlich sie auch sein mögen, nicht den inneren Frieden rauben. Hier wirken sich auf unserer eigenen Seite auch bestimmte Dispositionen aus, die wir durch unsere Wünsche, durch unser Denken und Handeln ausgeprägt haben. Oft sind es unsere eigenen Haltungen, die uns angesichts der äußeren Veränderungen Ärger, Trauer, Wut, Stress u.Ä. erleben lassen. Das ist wenig überraschend und sehr menschlich.

Haltungen, die uns den wahren Frieden rauben, sind in der Regel *Laster*: Stolz, Habsucht, Eitelkeit, Ungeduld, Hoffnungslosigkeit, Streitsucht u.Ä. Die Haltungen, die uns den Frieden bewahren helfen, sind in der Regel Tugenden – v.a. jene Tugenden, die uns angesichts der üblichen Friedensräuber stärken und festigen. Das heißt nicht, dass tugendhafte Menschen nie-

mals Unfrieden erleben. Die Tugenden können uns jedoch davor bewahren, dass wir den inneren Frieden allzu oft verlieren.
Unfrieden hat viele Namen: Ungeduld, Misstrauen, Kontrollbedürfnis, Sucht, Angst um andere (oder sich selbst!) usw. Wer Frieden sucht, tut deshalb gut daran, den eigenen Unfrieden näher anzusehen. Je nach Art des eigenen Unfriedens trägt ein anderes Bemühen am besten zur »Heilung« bei. So hilfreich allgemeine Ratschläge sind, so sehr braucht es auch die persönliche Aufmerksamkeit auf sich selbst und auf die Hilfe und Gnade, die Gott spürbar schenkt. Die Quellen des eigenen Unfriedens demütig zur Kenntnis zu nehmen und sich die eigenen Schwächen einzugestehen, ist der erste Schritt. Die folgende Liste von Haltungen ist deshalb nur als Anregung gedacht. Hilfreich ist es, um die *eine* Tugend zu kämpfen, die die eigene Schwäche korrigieren könnte.

Geduld (vs. Ungeduld)
Geduld (früher: Langmut) ist die Fähigkeit, warten zu können. Wie jede andere Tugend wird sie grundsätzlich durch Übung erworben. Gläubige Menschen können sie (wie den Frieden selbst) jedoch auch als eine Gabe Gottes erfahren: »Die Frucht des Geistes aber ist Liebe, Freude, Friede, Langmut …« (Gal 5,22).

Vertrauen (vs. Misstrauen)
Sorgenvolle Unruhe kann sich dort einstellen, wo es uns schwerfällt, einander, dem Leben oder letztlich Gott zu vertrauen. Ein Weg zu größerem Grundvertrauen ist die Dankbarkeit: Immer wieder das Gute suchen, das Gott in und trotz allem schenkt; das Gute wiederholt in Erinnerung rufen und dafür danken –

dies sind zentrale Tugenden von Judentum und Christentum, die mit Blick auf die Zukunft Vertrauen wachsen lassen.

Demut (vs. Stolz)
Eine Quelle für innere Unruhe und Unfrieden ist der menschliche Stolz, da uns dieses Laster um unser eigenes Ansehen besorgt sein lässt. In der *Nachfolge Christi* heißt es deshalb: »Der Stolze und der Habsüchtige haben niemals Ruhe; der Arme im Geiste und der Demütige aber wandeln in vollkommenem Frieden.«[40] Demut ist die Haltung, die es zulässt, dass andere und insbesondere Gott als groß gelten.

Lernbereitschaft (vs. Ignoranz)
Ignoranz und der Unwille zu kommunizieren können in Beziehungen Konflikte und Unfrieden entstehen lassen. Lernbereitschaft ist die Tugend, die uns in kluger Ehrlichkeit eigene Bedürfnisse so ansprechen lässt, dass andere sich ebenfalls einbringen können und eine gute gemeinsame Lösung von Konflikten möglich wird.

Hingabe an Gott (vs. Kontrolle)
Wer beruflich oder familiär viel Verantwortung trägt, entwickelt nicht selten ein Bedürfnis nach Kontrolle und Sicherheit. So menschlich diese Bedürfnisse sind, so sehr können sie dazu beitragen, dass wir in bestimmten Situationen den inneren Frieden verlieren. Der christliche Glaube ermutigt dazu, die Kontrolle an Gott abzugeben und nicht die eigene Herrschaft zu suchen. Wenn Gott regieren darf, können sich »Friede und Freude im Heiligen Geist« einstellen (Röm 14,17).

Achtsamkeits-Modus (vs. Kopf-Modus)
Manchmal verlieren wir den Frieden, weil wir in sorgenvollen Gedankenschleifen leben und keinen Ausweg finden. Depressionen hängen oft mit solchem Grübeln zusammen; aber auch gesunde Menschen können sich durch illusionäre Gedankenschleifen beunruhigt finden. Ein Beten, das mit der Wahrnehmung der Sinne beginnt, kann helfen, solche Gedanken wieder loszulassen. Es gibt einen Frieden Gottes, »der höher ist als alle Vernunft«, der unsere Herzen und Sinne (!) in Christus Jesus bewahren kann (Phil 4,7). Das deutsche Wort Vernunft kommt von »vernehmen«. Es ist nur vernünftig, die Gedankenschlösser immer wieder zu verlassen, um sich mit allen Sinnen in der Wirklichkeit zuhause zu finden.

Armut (vs. Habsucht)
Gier und Habsucht bringen Unfrieden mit sich. Wer sie als Ursachen des eigenen Unfriedens entdeckt, könnte im Sinne eines »agere contra« eine bestimmte Form von Armut wählen: weniger Eigentum zu besitzen, weniger Ansehen, weniger zu sagen zu haben usw. Jesus vergleicht das Himmelreich mit einem Schatz im Acker. Ein Mann entdeckte ihn »und in seiner Freude verkaufte er alles, was er besaß, und kaufte den Acker« (Mt 13,44). In der inneren und äußeren Armut (im Acker) öffnen sich die Türen zum Himmelreich und zu seinem Frieden.

Gerechtes Handeln (vs. Ungerechtigkeit)
Das Leben lehrt, dass es viele Formen von falschem Frieden gibt, der oft nicht lange hält, weil er auf Ungerechtigkeit gegründet ist. Demgegenüber lehrt Jesaja: »Das Werk der Gerechtigkeit wird Friede sein.«

(Jes 32,17). Eine Gerechtigkeits-Obsession kann sehr viel Gewalt und Unfrieden bewirken, nicht zuletzt dann, wenn sie mit Ungeduld oder gar Selbstgerechtigkeit verknüpft ist. Ein ehrliches, lernbereites und geduldiges Engagement für Gerechtigkeit dürfte für einen echten langfristigen Frieden jedoch unerlässlich sein.

Bereitschaft zu leiden (vs. Angst)
Jesu Lebensweg zeigt, dass Bedrängnisse, Hass und Leid nicht das letzte Wort haben. Die Meditation von Passion und Auferstehung Jesu kann uns deshalb helfen, die Angst vor dem Leiden zu überwinden. Ignatius gibt in der dritten und vierten Woche der Exerzitien sehr viele gute Hinweise dazu (vgl. Kap. IV). Er selbst fand zu einer sehr großen Bereitschaft, aus Liebe zu Jesus auch Leiden auf sich zu nehmen, wenn dies nötig ist. Um solche Bereitschaft können wir Gott bitten. Sie führt zu einer größeren Freiheit von so manchen den inneren Frieden raubenden Ängsten und Sorgen.

Hoffnung (vs. berechnendes Denken)
Menschliches Bemühen um Frieden ist notwendig. Dennoch ist der höchste Friede eine Gabe, die uns von Gott verheißen ist (vgl. Jes 66,12). Jesus verspricht: »Frieden hinterlasse ich euch, meinen Frieden gebe ich euch; nicht einen Frieden, wie die Welt ihn gibt … Euer Herz beunruhige sich nicht und verzage nicht« (Joh 14,27). Gott selbst ist der Friede der Gläubigen (Eph 2,14). Für diesen Frieden braucht es keine Vorsorge oder Berechnungen. Manchmal ist es gut, das Sich-Sorgen mit ein wenig Entschiedenheit zu beenden und stattdessen (vielleicht mithilfe einer Ikone)

auf Christus zu blicken, der der letzte Grund unserer Hoffnung ist.
Welche Haltung würden Sie ergänzen? Wo sehen Sie bei sich selbst die entscheidenden Schwächen? Es könnte sinnvoll sein, genau dort an sich zu »arbeiten« und v.a. Gott um seine Hilfe zu bitten. Wir wollen abschließend einige hilfreiche geistliche Übungen vorschlagen.

Übungen und Gebete

Wie wir bereits sehen konnten, gibt es sehr viele Gründe für inneren und äußeren Unfrieden. Kreative Menschen werden deshalb sehr viele verschiedene Übungen und Methoden finden, die helfen, den Frieden zu bewahren. Eine heute sehr bekannte Methode zum Erhalt des zwischenmenschlichen Friedens ist jene der »gewaltfreien Kommunikation«. Sie geht auf den amerikanischen Psychologen Marshall B. Rosenberg zurück und soll uns helfen, uns ehrlich und »gewaltfrei« mitzuteilen und so erfolgreich Lösungen für unser Zusammenleben zu suchen. Wir können dieses Konzept hier nicht im Detail erklären, möchten es aber nennen, weil es für friedliche Beziehungen sehr nützlich sein kann. Oft wird die Methode in vier Schritte eingeteilt. Demnach sollten wir in unserer Kommunikation immer folgende vier Schritte beachten:

(1) wertfrei unsere Beobachtungen mitteilen,
(2) uns der eigenen Gefühle bewusstwerden und diese im Gespräch ausdrücken,
(3) die damit verbundenen Bedürfnisse kommunizieren und
(4) mit einer Bitte eine konkrete Erwartung an die andere Person formulieren.

Rosenbergs Methode regt dazu an, anstelle von Du-Botschaften Ich-Botschaften zu senden. Hier wäre ein Beispiel für eine Wortmeldung in einer Wohngemeinschaft: »Ich habe gesehen, dass die Küche nicht aufgeräumt war. Das hat mich sehr geärgert; ich komme mir schäbig behandelt vor. Ich wünsche mir, dass du zu unseren Absprachen stehst. Wasche nach Deinem Kochabend bitte ab.« Es verlangt einige Übung, »gewaltfrei« zu kommunizieren. Aber es lohnt, sich darin zu üben.

Die ignatianische Spiritualität kann für diese Art der Kommunikation deshalb förderlich sein, weil sie uns hilft, uns unserer Gefühle und Bedürfnisse bewusst zu werden und sie (z.B. in Gesprächen mit einer geistlichen Begleiterin/einem Begleiter) auch zu benennen. Durch ihren Gottesbezug gehen die geistlichen Übungen des Ignatius über die Psychologie weit hinaus: Ignatius rät, unsere inneren Regungen gut wahrzunehmen, weil er davon ausgeht, dass wir in ihnen dem Geist Gottes auf die Spur kommen können. Das gewaltfreie Leben Jesu, das er in den Exerzitien imaginativ betrachten lässt, kann uns zudem helfen, eine Freundschaft mit Jesus Christus zu beginnen bzw. zu vertiefen und so den Frieden Jesu zu suchen. Die Dimension des Glaubens ist bei Ignatius das primäre Anliegen. Dennoch werden die Achtsamkeit auf uns selbst und die Verbundenheit mit Jesus uns auch zu gewaltfreieren Beziehungen befähigen.

Ignatius empfiehlt eine Vielzahl sehr unterschiedlicher Übungen, Meditationen und Gebetsformen. Das Kriterium, nach dem wir in einer bestimmten (Lebens-) Situation eine konkrete Übung auswählen sollten, ist die größere Hilfe und das »Heil« der Seele (vgl. EB 1). Wir müssen also sehr gut auf die Person und die Umstände achten, um diejenige Übung zu finden, die angesichts der gegebenen Herausforderungen am besten mit Gott verbinden könnte. Die Übung sollte der Situation und der Person (bzw. uns selbst!) gut und klug entsprechen.

Die persönlichen Voraussetzungen (wie z.B. Zeit, Tagesrhythmus, pers. Begabung usw.) können dazu führen, dass eine bestimmte geistliche Übung fruchtbarer ist als manch andere. Wer klug üben will, tut deshalb gut daran, seine Erfahrungen auch auszuwerten. So kann er selbst erproben, welche Übungen sich angesichts einer bestimmten Herausforderung am besten eignen. Nötig ist es jedenfalls, *treu* zu üben und gegebenenfalls die Zeiten einzuhalten: beispielsweise täglich zu einer bestimmten Zeit zu üben (z.B. täglich um 6:30 Uhr für eine halbe Stunde an einem gut geeigneten Ort den Rosenkranz oder das Jesusgebet zu beten). Fortgeschrittene werden sich ein gewisses Repertoire an Übungen erschließen und diese passend zur jeweiligen Situation einsetzen.

Eine S-Bahn-Fahrt eignet sich nicht für jede Übung (vorausgesetzt man möchte solche Zeiten überhaupt zum Üben nutzen): Viele beten hier eher mit einem Text auf dem Smartphone als mit imaginativen Bildern. In Gesprächssituationen, die uns oft ungeduldig, aggressiv oder unruhig machen, könnten wir ebenfalls von ganz spezifischen Übungen profitieren. Hier könnten Atemübungen und ein mit dem Atem verbundenes Beten sehr hilfreich sein. Wo möglich, kann es nützlich sein, die eigenen Erfahrungen auch mit anderen, z.B. mit einem Freund oder einer Begleiterin, zu reflektieren.

Mit Blick auf das Anliegen des inneren Friedens können wir u.a. diese Übungen und Gebete empfehlen:

– *Anfangs mit dem Leib beten:* Die eigenen Füße spüren und den Boden, auf dem sie ruhen. Sukzessive von den Beinen aus alle Gliedmaßen einzeln und in Ruhe wahrnehmen. Dann innehalten und erwägen, wer Gott ist und wie ich vor ihm da sein möchte. Gott um seine Gnade und Hilfe bitten. – Den eigenen Leib ins Üben einzubeziehen, kann v.a. dann hilfreich sein, wenn die Gedanken in Unruhe sind.

– *Atem- und Jesusgebet*: Eine der vielen Anleitungen zum Gebet mit dem Atem und/oder dem Namen Jesu wählen und über mehrere Wochen regelmäßig üben. Eine einfache Variante ist es, ausatmend zu beginnen und beim Ausatmen »Jesus« zu beten; beim Einatmen dagegen immer »Christus« zu wiederholen. Hilfreich sind Variationen, die gezielt die persönlichen Herausforderungen aufgreifen. Wer sich damit schwertut, bestimmte Personen, Projekte oder Ideale loszulassen, könnte z.B. beten:
»Vater, Sohn und Geist. (einatmend)
Deine Gnade reicht.« (ausatmend)

– *Fürbittgebet:* Die Person(en) oder die Sache, die einem Sorge bereitet, immer wieder Gott oder Maria anvertrauen. Für den Fall, dass man nachts aufwacht und nicht wieder einschlafen kann, für eine Zeit des Gebetes (z.B. den Rosenkranz) ganz aufstehen; sich erst wieder hinlegen, wenn nebenbei die Gedanken verklungen sind.

Zwei Gebete:
Herr, du bist der Gott des Friedens,
du bist der Friede selbst; ein streitsüchtiges Herz ver-

steht dich nicht, ein gewalttätiger Sinn kann dich nicht fassen. Gib, dass alle, die in Eintracht leben, im Frieden verharren und alle, die entzweit sind, sich wieder versöhnen. Darum bitten wir durch Jesus Christus.
(Tagesgebet der Messe um Frieden, im Messbuch)

Herr, mach mich zu einem Werkzeug deines Friedens, dass ich liebe, wo man hasst;
dass ich verzeihe, wo man beleidigt;
dass ich verbinde, wo Streit ist;
dass ich die Wahrheit sage, wo Irrtum ist;
dass ich Glauben bringe, wo Zweifel droht;
dass ich Hoffnung wecke, wo Verzweiflung quält;
dass ich Licht entzünde, wo Finsternis regiert;
dass ich Freude bringe, wo der Kummer wohnt.
Herr, lass mich trachten, nicht, dass ich getröstet werde, sondern dass ich tröste; nicht, dass ich verstanden werde, sondern dass ich verstehe;
nicht, dass ich geliebt werde, sondern dass ich liebe.
Denn wer sich hingibt, der empfängt;
wer sich selbst vergisst, der findet;
wer verzeiht, dem wird verziehen;
und wer stirbt, der erwacht zum ewigen Leben.
(Franz von Assisi zugeschrieben, GL 19,4)

Bitten wir Gott um Seine Gnade, dass er unser Üben begleite und fruchtbar werden lasse.

Literatur

Für die Werke des Ignatius von Loyola werden folgende Übersetzungen zitiert:

BP Ignatius von Loyola, Bericht des Pilgers. Herausgegeben, übersetzt und eingeleitet von Michael Sievernich SJ, Wiesbaden 2006.

BU Ignatius von Loyola, Briefe und Unterweisungen. Übersetzt von Peter Knauer (Deutsche Werkausgabe Bd. I), Würzburg 1993.

EB Ignatius von Loyola, Die Exerzitien. Übertragen von Hans Urs von Balthasar, Einsiedeln/Freiburg ^{12}1999.

Anmerkungen

[1] Jaberg, Sabine, Frieden und Sicherheit, in: Werkner, Ines-Jacqueline/Ebeling, Klaus (Hg.), Handbuch Friedensethik, Wiesbaden 2017, 43–53, hier: 45.
[2] Vgl. hier und im Folgenden: Werkner, Ines-Jacqueline, Zum Friedensbegriff in der Friedensforschung, in: Handbuch Friedensethik, 19–32, hier: 21f.
[3] Die deutschen Bischöfe, Gerechter Friede. Herausgegeben vom Sekretariat der deutschen Bischofskonferenz (Die deutschen Bischöfe 66) Bonn 2000.
[4] Lambert, Willi, Gebet der liebenden Aufmerksamkeit, Trier 2007; ders., Gotteskontakt. Leben und beten mit den Exerzitien des Ignatius von Loyola, Würzburg 2014, 54–58.
[5] Marcuse, Ludwig, Ignatius von Loyola. Ein Soldat der Kirche, Zürich 2008.
[6] Wir zitieren jeweils aus der Übersetzung von M. Sievernich: Ignatius von Loyola, Bericht des Pilgers. Herausgegeben, übersetzt und eingeleitet von Michael Sievernich SJ. Mit Kupferstichen von Peter Paul Rubens und Jean Baptist Barbé, Wiesbaden 2006.
[7] Peter Knauer spricht von einer »nachträglichen Purgierung des Textes«. Vgl. Knauer, Peter, Bericht des Pilgers, Würzburg 2022, 11.
[8] Kiechle, Stefan, Ignatius von Loyola. Leben – Werk – Spiritualität, Würzburg 2007, 18.
[9] William Meissner zitiert Brodrick: »Amadís ist das Urbild des vollkommenen Ritters, ein Muster an Tapferkeit und Höflichkeit, Vorbild für loyale Untertanen und treue Liebende, Schutz und Schild für die Schwachen und Bedürftigen, der starke Arm im Dienst der moralischen Ordnung und Gerechtigkeit.« Meissner, William, Ignatius von Loyola. Psychogramm eines Heiligen, Freiburg i. Br. 1997, 52.
[10] Vorwort des Pater Luis Gonçalves da Câmara, in: Ignatius von Loyola, Bericht des Pilgers, 173–176, hier 173.
[11] Die Mitglieder der 36. Generalkongregation beschäftigten sich 2016 sehr intensiv mit den virulenten Themen Ökologie, Migration, Fundamentalismus und der Situation der indigenen Völker. Ihr erstes Dekret trägt bezeichnenderweise

den Titel »Gefährten in einer Sendung der Versöhnung und Gerechtigkeit«. In Nr. 36 heißt es dort: »All unsere Dienste sollen versuchen, Brücken zu bauen und Frieden zu stiften.« Dekrete der 36. Generalkongregation der Gesellschaft Jesu. Herausgegeben im Namen der Deutschen, Österreichischen und Schweizer Provinz der Jesuiten, München 2017, 43.

[12] Vgl. Maron, Gottfried, Ignatius von Loyola. Mystik – Theologie – Kirche, Göttingen 2001, 236f.; Wolter, Hans, Elemente der Kreuzzugsfrömmigkeit in der Spiritualität des heiligen Ignatius, in: Wulf, Friedrich (Hg.), Ignatius von Loyola. Seine geistliche Gestalt und sein Vermächtnis 1556–1956, Würzburg 1956, 111–150.

[13] Vgl. Wolter, Elemente der Kreuzzugsfrömmigkeit, 122f.

[14] Vgl. ebd., 119 und 125–133.

[15] Zwei Jahre vor den erwähnten Briefen mit Empfehlungen für eine neue Kriegsflotte schrieb Ignatius bereits 1550 einen Brief an ein Heer desselben Vizekönigs, das im Kampf gegen osmanische Freibeuter eine türkische Festung bei Tunis einnehmen wollte. Die Soldaten trügen, so Ignatius 1550, durch ihre Kriegsführung »zum Ruhm Christi« bei (BP 326).

[16] Zum geschichtlichen Hintergrund der Betrachtung vgl. Kiechle, Stefan, Die ignatianische Meditation der »Zwei Banner«. Zu ihrer Traditionsgeschichte von Augustinus bis Ignatius von Loyola, in: Geist und Leben 66 (1993), 188–201.

[17] Lambert, Willi, Exerzitien – das Leben beleben (Ignatianische Impulse Band 90), Würzburg 2021, 63.

[18] Dies würde auch erklären, weshalb der Auferstandene in fast allen Erscheinungen der Evangelien zunächst den Frieden wünscht.

[19] https://www.wga.hu/html/d/duccio/maesta/crown_v/cro_v_2.html (zuletzt aufgerufen am 31.1.2024).

[20] Merton, Thomas, Gewaltlosigkeit. Eine Alternative, Zürich/Köln 1986, 304.

[21] Ebd. 304f.

[22] Vgl. ebd., 292-294.

[23] Friedrich von Spee, Güldenes Tugendbuch, das ist Werck und Übung der dreyen göttlichen Tugenden. Deß Glaubens,

Hoffnung, und Liebe, Köln 1648, 469. Vgl. ders., Cautio Criminalis oder Rechtliches Bedenken wegen der Hexenprozesse. Aus dem Lateinischen übertragen und eingeleitet von Joachim-Friedrich Ritter, München 1985, 34.

[24] Vieira, António, Licht aus der Tiefe der Zeit. Predigten des lusitanischen Jesuitenpaters Antonio Vieira. Übersetzt und herausgegeben von Gloria Kaiser, Wien 2022; Gloria Kaiser, Der Jesuit aus Lusitanien, Wien 2019.

[25] Vgl. Yarnall, James L., John La Farge, a biographical and critical study, Farnham 2012; https://www.americamagazine.org/politics-society/2008/10/27/manner-extraordinary-life-john-lafarge (17.1.2024).

[26] McNeal, Patricia F., Harder than War. Catholic Peacemaking in Twentieth-Century America, New Brunswick, N.J. 1992, 131–172.

[27] Sehr lesenswert ist: Wolfsteiner, Alfred, »Der stärkste Mann des Katholizismus in Deutschland«. Pater Augustin Rösch und sein Kampf gegen den Nationalsozialismus, Regensburg 2018.

[28] Klein, Berrigan zum 80. Geburstag, in: Orientierung 65 (2001), 97–98, hier: 98.

[29] Berrigan, Daniel, Zehn Gebote für den langen Marsch zum Frieden. Mit einer Einleitung von Fulbert Steffensky, übersetzt von Werner Simpfendörfer, Stuttgart 1983, 111.

[30] Vgl. Dear, John, Daniel Berrigan and His Fearless Nonviolence, at 100, in: https://wagingnonviolence.org/2021/04/daniel-berrigan-fearless-nonviolence-at-100/(31.1.2024); dt.: Dear, John, Daniel Berrigan und seine furchtlose Gewaltfreiheit. Zu seinem 100. Geburtstag, in: https://www.lebenshaus-alb.de/magazin/013628.html (31.1.2024).

[31] Zitiert aus ebd.

[32] Vgl. Luz, Ulrich, Das Evangelium nach Matthäus. Bd. I,1 (Mt 1–7). Düsseldorf/Zürich 2002, 394.

[33] Eine klassische Bezugsstelle hierzu wäre die einschlägige Quaestio der *Summa Theologiae* des Thomas von Aquin: STh II, II, 40 1.

[34] Augustinus, Contra Faustum, 22, 74, zitiert nach STh II, II, 40 1.

[35] Vgl. Papst Franziskus, Enzyklika *Fratelli tutti* über die Geschwisterlichkeit und die soziale Freundschaft, Bonn 2020, Nr. 258f.

[36] Vgl. ICISS, The Responsibility to Protect. The Report of the International Commission on Intervention and State Sovereignity. Published by the International Development Research Centre, Ottawa 2001, 7.

[37] Sumaya Farhat-Nasir, Ein Leben für den Frieden: Lesebuch aus Palästina, Basel 2017.

[38] Abdel-Hakim Ourghi, Woher kommt der Hass?, in: Die Zeit, 16. November 2023, 54. Vgl. ders., Die Juden im Koran. Ein Zerrbild mit fatalen Folgen, München 2023.

[39] Vgl. Dear, Berrigan and His Fearless Nonviolence.

[40] Thomas von Kempen, Nachfolge Christi, I, 6, 1.